KB203368

지장본원경,

약사본원경, 장수멸죄경

큰글씨 한글경전
지장본원경

2021년 7월 30일   초판 1쇄 발행

지은이   경전연구모임
펴낸이   이규만
디자인   B&D
펴낸곳   불교시대사

출판등록   1991년 3월 20일 제300-1991-27호
주소   (우)03149 서울시 종로구 인사동 7길 12 백상빌딩 1305호
전화   02 - 730 - 2500
팩스   02 - 723 - 5961
이메일   kyoon1003@hanmail.net

ISBN 978-89-8002-170-3   04220
ISBN 978-89-8002-161-1   04220(세트)

지장본원경,
약사본원경, 장수멸죄경

경전연구모임

불교시대사
1% 나눔의 기쁨

《지장본원경》, 《약사본원경》, 《장수멸죄경》에 대한 해설

《지장본원경》의 본 이름은 《지장보살본원경 (地藏菩薩本願經)》이다. 지옥중생을 구제하기 위해 성불을 미루고 계신다는 지장보살의 공덕을 찬탄한 경전이다.

지장보살은 도리천에서 석가모니 부처님의 부촉을 받고 모든 고통받는 중생들을 구제하신다는 보살이다. 지장보살은 수많은 방편으로 중생들을 교화하고, 죄를 짓고 고통받는 중생들을 해탈케 하려는 서원을 세우셨는데 이를 지장보살의 본원이라 한다.

《지장본원경》은 모두 13품으로 이루어져 있

다. 그 모든 장에서 석가모니 부처님과 지장보살의 말씀을 통해 죄로 인한 과보와 영원한 안락의 세계 즉, 해탈의 경지를 상세하게 펼치고 있다.

《약사본원경》은 동방정유리광세계의 부처님 약사유리광여래의 공덕을 찬탄한 경전으로 약사여래 부처님은 과거에 12대원을 세워 이 세계 중생들의 고통스러운 모든 병을 낫게 하신다는 분이다.

이 부처님이 과거세에 세운 12대원이 이 경전에 상세히 밝혀져 있다. 고통스러운 세상을 벗어나지 못하는 중생들의 병을 고칠 뿐만 아니라, 모든 재앙을 소멸시켜 편안함을 이루어주게 하는 것이 약사여래 부처님이 세운 12대원의 내용이다. 이 12대원은 다음과 같다.

① 자신의 빛으로 모든 세계를 밝히고자 함. ② 이승과 저승의 중생들에게 깨달음을 얻게 하고, 그들의 뜻을 이루게 함. ③ 모든 중생들에게 필요한 물건을 항상 얻게 하고 넉넉케 하고자 함. ④ 소승의 길에 머무는 모든 이들을 대승의 길로 이끌고자 함. ⑤ 약사여래의 이름을 듣기만 해도 온갖 더러움을 씻고 악도에 떨어지지 않게 함. ⑥ 질병으로 고생하는 이들을 고치고자 함. ⑦ 가난하고 굶주려 괴로움을 겪는 이에게 풍요와 안락을 이루어 주고자 함. ⑧ 장부의 모습으로 태어나기를 원하는 이에게 그 소원을 이루어 줌. ⑨ 그릇된 소견을 가진 중생들을 올

바른 길로 이끌어 위없는 깨달음을 이루게 함. ⑩ 갇혀서 모든 고통받는 이들을 해탈케 함. ⑪ 굶주린 중생들에게 굶주림을 달래게 하고, 참다운 진리의 기쁨을 맛보게 함. ⑫ 헐벗음에 떠는 중생들의 온갖 소원을 이루어 줌.

이런 12가지의 서원이 약사여래 부처님이 세운 본원의 내용이다.

《약사경》은 우리 민족에게 뿌리 깊었던 약사신앙의 배경이기도 하다. 이미 《삼국유사》에서 나오는 이야기를 미루어 불교의 전래가 오래지 않았던 그 무렵, 대중적인 영향력을 가졌던 경전임을 알 수 있다. 단순한 개인적인 질병이나 소원의 성취뿐만 아니라 민족적인 위기에도 약사신앙은 큰 힘을 발휘했던 것이다. 삼국시대를 거쳐 고려시대에 이르러서는 국가가 위태롭거나 외적의 침입이 있을 때마다 국왕과 신하들이 한 자리에 모여 《약사본원경》을 읽고, 약사여래 부처님을 찾았다는 기록들은 이런 점을 설명하고 있다.

　《장수멸죄경》은 여러 경전들 가운데도 아주 독특한 성격을 갖고 있다. 부처님 가르침에서 가장 기본적인 정신을 들자면 아무래도 "자비"를 들지 않을 수 없다. 또한 자비의 실천은 당연히 살아있는 목숨을 죽이지 않는 불살생(不殺生)의 실천으로 이어진다.

　사람과 짐승뿐만 아니라 풀이나 나무줄기 하나도 해치지 말라는 부처님의 법에서 과연 태아 살해는 어떻게 해석되고 있는가. 《장수멸죄경》은 바로 이런 이야기를 다루고 있는 소설적인 구성의 경전이다.

태에 든 자식을 죽인 여인 전도, 이 여인은 자신이 살생의 계율을 범했다는 사실을 어떻게 해야 참회할 수 있느냐고 간절하게 부처님께 묻고 있다.

전도의 질문에 부처님은 그 죄는 참회한다 해도 용서받기 어렵다고 하신 다음, 부처님의 거룩한 위덕에 귀의하는 것만이 모든 괴로움에서 벗어날 수 있을 것이라고 밝히셨다.

생명을 가볍고 소홀하게 여기는 세태가 만연된 이즈음, 여인 전도가 당면한 문제와 괴로움은 사실 우리 모두의 것이기도 하다.

차례

지장본원경

제1장 도리천궁에서 신통을 나타내는 품

　이와 같이 나는 들었다. 부처님께서 도리천에 계실 때 어머니를 위하여 법문을 설하셨다. 그때 시방삼세 모든 불국토에 계시는 수없이 많은 모든 부처님과 큰 보살마하살이 다 모여서 찬탄하기를, "석가모니 부처님이 능히 오탁악세에서 불가사의한 큰 지혜와 신통의 힘을 나투시어 억세고 거친 중생들을 다스리어 괴롭고 즐거운 법을 알게 하신다."하고 각기 시자를 보내서 부처님께 문안을 드렸다. 이때 부처님이 웃음을 머금고 백 천만 억의 큰 광명의 구름을 놓으셨다. 이른바 대원만광명운이며, 대자비광명운이며, 대지혜광명운이며, 대반야광명운이며, 대삼매광명운이며, 대길상광명운이며, 대복덕광명운이며, 대공덕광명운이며, 대귀의광명운이며, 대찬탄광명운이었다. 이와 같이 말할 수 없는 광명구름을 놓으시고 또 여러 가지 미묘한 소리를 내시니 이른바 보시바라밀음이며, 지계바라밀음이며, 인욕바라밀음이며, 정진바라밀음이며, 선정바라밀음이며, 반야바라밀음이며, 자비음이며, 희사음이며, 해탈음이며, 무루음이며, 지혜음이며, 대지혜음이며, 사자후음이며, 대사자후음이며, 운뢰음이며, 대운뢰음이었다. 이와 같이 말할 수도 없는 소리를 내시니 사바세계와 시방국토에 있는 한량없는 천인과 용, 귀신들도 도리천궁에 모여들었다. 사왕천과 도리천 · 야마천 · 도솔타천 · 화락천 · 타화자재천 · 범중천 ·

범보천·대범천·소광천·무량광천·광
음천·소정천·무량정천·변정천·복생
천·복애천·광과천·엄식천·무량엄식
천·엄식과실천·무상천·무번천·무열
천·선견천·선현천·색구경천·마혜수
라천·비상비비상처천의 모든 천인의 무
리와 용의 무리, 귀신의 무리들이 법회에
다 모여들었다. 또 시방국토와 사바세계
에 있는 해신·강신·화신·수신·산신·
지신·천택신·묘가신·주신·야신·공
신·천신·음식신·초목신 등의 모든 신
들도 모여들었다. 또한 시방국토와 사바세
계에 있는 모든 대귀왕(大鬼王)이 와서 모이
니 이른바 악목귀왕·담혈귀왕·담정기귀
왕·담태란귀왕·행병귀왕·섭독귀왕·
자심귀왕·복리귀왕·큰애경귀왕 같은 귀

왕들이었다.

이 때 석가모니 부처님께서 문수사리법
왕자보살[1]에게 말씀하셨다.

"그대는 이 모든 부처님과 보살과 용과
귀신을 보았느냐? 이 세계와 저 세계, 이 국
토와 저 국토에서 이 도리천에 모여든 자의
수효를 그대는 알겠느냐?"

문수보살이 부처님께 아뢰었다.

"부처님이시여, 저의 신력으로는 설사 천
겁을 두고 헤아리더라도 그 수를 알지 못하
겠습니다."

부처님께서 말씀하셨다.

"내가 불안(佛眼)으로 보아도 오히려 그
수를 다 헤아릴 수 없다. 그들은 모두 지장
보살이 오랜 겁 동안에 이미 제도하였으며

---

1) 문수사리법왕자보살 / 문수보살을 뜻함.

지금 제도하고 앞으로 제도할 것이다. 또 이미 성취시켰으며 지금 성취시키고 앞으로 성취시킬 자들이다."

문수보살이 부처님께 아뢰었다.

"부처님이시여, 저는 과거에 오랫동안 선근을 닦아서 걸림이 없는 지혜를 얻었습니다. 그래서 부처님이 말씀하신 바를 듣고는 바로 믿고 받들 수 있습니다. 그러나 소승성문[2]과 천인, 용 등 팔부신중과 미래세의 모든 중생들은 비록 부처님의 진실한 말씀을 듣더라도 반드시 의심할 것이며 때로는 비방할 것입니다.

원하옵건대 부처님이시여, 지장보살마하살이 처음 수행할 때 어떤 행을 닦았으며 어

---

2) 소승성문 / 고집멸도의 가르침에 따라 수행을 하고, 마침내 무여열반에 들어가는 이.

떤 원을 세웠기에 이런 불가사의한 일을 성취하였나이까? 자세히 말씀해 주십시오."

부처님이 문수보살에게 말씀하셨다.

"비유하면 저 삼천대천세계에 있는 수풀·벼·삼·대·산의 돌과 티끌의 낱낱을 세어 그 수만큼 항하가 있다 하고, 이 항하[3]의 모래 수만큼 많은 세계가 있어 한 모래로 한 세계를 삼고, 한 세계 안에 한 티끌로 한 겁을 삼고, 한 겁 안에 있는 티끌 수를 모두 채워서 겁을 삼더라도 지장보살이 십지과위[4]를 얻은 이래 교화한 자의 수는 천 배나 많다. 하물며 지장보살이 성문과 벽지불에 이

---

3) 항하 / 인도 히말라야 산에서 시작하는 갠지스강.

4) 십지과위(十地果位) / 보살이 수행하는 단계인 52위 가운데 제41위로부터 제50위까지. 이 10위는 불지(佛智)를 생성하고, 능히 움직이지 아니하고, 온갖 중생의 고통을 짊어지고 교화하고 이롭게 하는 것이 마치 대지가 만물을 기름과 같으므로 지(地)라 이름.

를 때까지의 일이야 더 말해 무엇하랴. 문수보살이여, 이 보살의 위신력과 서원은 생각으로 짐작할 수 없다. 만일 다음 세상에 어떤 선남자와 선여인이 이 보살의 이름을 듣고 혹 찬탄하고 예배하고, 혹 이름을 부르고 공양하고, 그 형상을 그리거나 조성하여 모시면 이 사람은 마땅히 백 번을 삼십삼천에 나고 영영 악도에 떨어지지 않을 것이니라. 문수사리여! 지장보살마하살은 과거 말할 수 없이 오랜 겁 전에 큰 장자의 아들로 태어났다. 그 때 부처님 명호는 사자분신구족만행여래셨다. 그 때 장자의 아들이 부처님 상호가 천복으로 장엄함을 보고 곧 그 부처님께 아뢰었다.

"어떤 수행과 어떤 서원을 세워야 이러한 상호를 얻을 수 있습니까?"

이 말에 구족만행여래께서 장자의 아들에게 이르셨다.

　"이러한 몸을 얻고자 하거든 마땅히 오랫동안 모든 고통받는 중생을 건져 주어야 한다."

　이 말을 듣고 장자의 아들은 이렇게 서원을 세웠다.

　"나는 지금 미래세가 다하도록 헤아릴 수 없는 겁에 저 죄받는 육도중생을 위하여 널리 방편을 베풀어서 다 해탈케 하고나서야 나의 깨달음을 이루리라."

　그로부터 지금가지 백 천만 억 나유타 불가설 겁 동안을 보살이 되었다.

　또 과거 생각할 수도 없는 오랜 세월 전에 부처님이 계셔서 이름을 각화정자재왕여래라 하셨다. 그 부처님의 수명은 사백 천만 억 겁이나 되었다. 그 부처님의 상법시대에 한 바라문의 딸이 있었다. 그녀는 지난 생에 닦은 복이 깊고 두터워서 여러 사람으로부터 존경을 받았다. 그래서 그녀가 어디를 가거나, 있거나, 앉았거나, 누웠거나, 모든 하늘이 옹호하였다. 그러나 그녀의 어머니가 사도를 믿고 항상 삼보를 소홀히 여겼다. 그래서 그녀는 여러 가지 방편을 베풀었으나 그 어머니는 믿는 마음을 내지 않았고 오래지 않아 목숨이 다해 혼신이 무간지옥에 떨어졌다. 이 때에 그 딸은 생각했다.

"어머니가 세상에 계실 적에 인과를 믿지 않았으므로 마땅히 그 죄업으로 반드시 악도에 났으리라."

그래서 드디어는 집을 팔아 향과 꽃과 모든 공양구를 널리 구하여 저 부처님(先佛)의 탑과 절에 크게 공양을 올렸다. 그녀는 절에 모셔진 각화정자재왕여래의 상이 아주 장엄한 것을 보고는 더욱 공경하는 마음이 우러나 예배드리면서 혼자 생각했다.

"부처님은 대각이시라 일체지혜를 갖추었으니 만일 세상에 계실 때라면 우리 어머니가 돌아가신 후에 마땅히 와서 부처님께 여쭈었더라면 반드시 가신 곳을 알았을 것이다."

바라문의 딸은 오랫동안 흐느껴 울며 부처님을 쳐다보고 생각하였다. 그 때 문득 하늘에서 소리가 들려왔다.

"바라문의 딸이여, 슬퍼하지 말라. 내가 이제 너의 어머니 간 곳을 가르쳐 주리라."

그녀가 합장하고 공중을 향하여 여쭈었다.

"어떠한 신덕이시온데 저의 근심을 풀어 주시옵니까? 제가 어머니를 잃고 나서 밤낮으로 생각하였으나 어머니 나신 곳을 물어볼 데가 없었나이다."

이 때에 공중에서 또 말씀하셨다.

"나는 너의 지극한 예배를 받은 과거의 각화정자재왕여래이니라. 네가 어머니를 생각함이 보통 중생들보다 배나 더함으로 일러주노라."

그녀가 이 말씀을 듣고 몸을 스스로 부딪쳐서 온 몸이 모두 성한데 없이 되었다. 좌우에서 사람들이 부축하고 돌보아 한참 후에 깨어나서 공중을 향하여 아뢰었다.

"바라옵건대 부처님께서는 불쌍히 여기시어 속히 어머니 나신 곳을 말씀해 주옵소서. 저는 오래지 않아 죽을 것만 같습니다."

그 때에 각화정자재왕여래가 그녀에게
말씀하셨다.

"네가 공양 올리기를 마치고, 일찍이 집
으로 돌아가서 단정히 앉아 나의 이름을 생
각하면 곧 너의 어머니 나신 곳을 알게 되리
라."

그녀는 부처님께 예배하기를 마치고 곧
집에 돌아와서 어머니가 그리워 단정히 앉
아 각화정자재왕여래를 염하면서 하루 낮
하루 밤을 지냈다. 문득 보니 자신이 한 바
닷가에 와 있었다. 그 바다를 보니 물이 끓
고 있었으며, 모든 악한 짐승이 들끓고 몸은
모두 쇠로 되었으며, 바다 위를 날아다니며
동서로 마구 달리고 있었다. 또 남자와 여자
백 천만 명이 바다 가운데 빠져 버둥대다가
여러 악한 짐승들에게 잡혀 먹히고 있었다.

또 야차들이 있는데 모양이 각각 달랐다. 손과 발이 많고 머리와 눈도 여럿이며 어금니가 입 밖으로 튀어나와서 날카롭기가 칼날 같았다. 이들이 모든 죄인을 몰아다가 악한 짐승에게 죽임을 당하게 하고 또 스스로 거칠게 움켜잡아 머리와 발을 서로 얽어 괴롭히는 모양이 천만 가지나 되어서 차마 볼 수 없었다. 그 때 그녀는 부처님을 생각하는 힘으로 두려운 마음은 없었다. 여기에 무독(無毒)이란 한 귀왕이 있어서 머리를 숙여 바라문의 딸을 맞으며 말했다.

"보살이시여, 무슨 인연으로 이곳에 오셨습니까?"

그녀가 귀왕에게 물었다.

"이곳은 어떠한 곳입니까?"

무독이 대답했다.

"이곳은 대철위산 서쪽의 첫 번째 바다입니다."

"내가 들으니 철위산 속에는 지옥이 있다는데 그것이 사실입니까?"

"네, 지옥이 있습니다."

"내가 지금 어찌하여 지옥 있는 곳에 왔습니까?"

"만일 부처님의 위신력이 아니면 업력에 의한 것입니다. 이 두 가지 힘이 아니면 이곳에 올 수 없습니다."

"이 물은 무슨 인연으로 이렇게 끓어오르며 어찌해서 죄인과 험악한 짐승들이 이렇게 많습니까?"

"저들은 남염부제에서 악한 짓을 한 중생입니다. 죽은 뒤에 49일이 지나도록 망자를 위해서 공덕을 지어 고난에서 벗어나게 하는 이가 한 사람도 없고, 살아있을 때에도 착한 일을 한 적이 없어서 결국은 본래 지은 죄업을 따라 지옥에 가는 데 자연히 이 지옥의 바다를 먼저 건너야 합니다. 이 바다 동쪽으로 10만 유순을 지나 또 바다가 있습니다. 그곳에서의 고통은 이곳의 배나 되며 그 바다 동쪽에 또 바다가 있으니 그 고통이 다시 배가 됩니다. 이 고통은 다 삼업(몸으로 짓는 업, 입으로 짓는 업, 뜻으로 짓는 업)으로 지은 악업으로 인해서 받는 것이므로 모두가 업의 바다(業海)라 합니다."

"지옥은 어디 있습니까?"

"이 세 바다 안이 바로 큰 지옥입니다. 그 지옥의 수가 백 천이나 있지만 각각 다릅니다. 큰 지옥은 열여덟이요, 그 다음 것이 오백이고, 또 그 다음 것이 천백이나 되는데 지독한 고통이 한량없습니다."

"나의 어머니가 돌아가신 지 얼마되지 않으나 혼신이 어느 곳에 갔는지 알 수 없습니까?"

"보살의 어머니는 세상에 계실 때 어떤 일을 하셨습니까?"

"어머니는 삿된 소견으로 삼보를 비방하였고 설혹 잠깐 믿었다가도 곧 공경치 않았습니다. 돌아가신 지 며칠이 안 되나 태어나신 곳을 알 수 없습니까?"

"보살의 어머니는 성씨가 누구십니까?"

"우리 부모는 다 바라문인데, 아버지 이름은 시라선견이고 어머니 이름은 열제리입니다."

무독귀왕은 합장하고서 보살에게 말했다.

"원컨대 보살께서는 집으로 돌아가소서. 슬퍼하거나 염려하지 마소서. 열제리 죄녀가 천상에 난 지 이제 사흘이 되었습니다. 효순한 딸이 어머니를 위하여 각화정자재왕여래탑에 공양하고 복을 닦은 공덕으로 보살의 어머니만 지옥을 벗어난 것이 아니라, 그 날 이 무간지옥에 있던 죄인들은 모두 함께 천상에 태어나 다 즐거움을 누리게 되었습니다."

귀왕이 말을 마치고 합장하고 물러갔다. 그녀는 꿈같이 집으로 돌아와 이 일을 깨닫고 각화정자재왕여래탑 앞에 나아가 큰 서원을 세웠다.

"원하옵나니, 저는 미래 겁이 다하도록 죄업으로 고통받는 중생에게 널리 방편을 베풀어서 제도하겠습니다."라고 하였느니라."

부처님이 또 문수보살에게 말씀하셨다.

"귀왕무독은 지금의 재수(財首)보살이요, 그 때 바라문의 딸은 지금의 지장보살이다."

제2장 분신을 모으는 품

그 때 백 천만 억의 생각할 수도 없고 의논할 수 없으며 헤아릴 수 없고 말할 수도 없는 그 무량 무수한 세계의 모든 지옥에 있던 지장보살의 분신들이 모두 다 도리천궁에 모여 들었다. 또 부처님의 신력으로 각각 그 방편에서 해탈을 얻고 업도에서 나온 이가 각각 천만 억 나유타수가 있었는데 이들이 향과 꽃을 가지고 와서 부처님께 공양을 올렸다. 저 함께 온 무리들은 모두 지장보살의 교화를 받아 아뇩다라삼먁삼보리에서 영원히 물러나지 않게 된 자들이었다. 이 모든 사람들은 오랜 겁으로부터 나고 죽는 물결에 빠져 육도(지옥·아귀·축생·인도·천도·수라)의 고통을 받느라고 잠시도 쉬지 못하다가 지장보살의 넓고 큰 자비의 원력으로 각각 도과(道果)를 얻었으며 도리천에 이르렀다. 이들은 마음이 뛸 듯이 기뻐 부처님을 우러르며 잠시도 한눈을 팔지 않았다.

그 때 부처님께서 금빛 팔을 펴서 백 천만 억의 생각할 수 없고, 의논할 수 없고, 헤아릴 수 없고, 말할 수도 없는 한량없는 세계의 모든 화신, 지장보살의 이마를 어루만지시며 말씀하셨다.

"내가 오탁악세[5]에서 저런 억세고 거친
중생을 교화하여 그 마음을 다스려 삿됨을
버리고 바른 데로 돌아오게 하였지만 열에
한둘은 아직도 악한 버릇에 빠져 있다. 나
도 또한 몸을 천백 억이나 나누어서 널리 방
편을 베푸노니, 혹 근기가 영리한 자는 들으
면 곧 믿어 지니며, 혹 선근을 지닌 자는 부
지런히 권하면 성취하고, 혹 미혹한 자는 오
래 교화해야 겨우 귀의하고, 혹 업이 무거
운 자는 우러러 공경하지 않는다. 이러한 중
생이 각각 차별이 있으므로 몸을 나누어 제
도하되, 때로는 남자 몸을 나타내고, 때로는
여자 몸을 나타내고, 때로는 용의 몸을 나타
내고, 귀신도 되며 산과 숲 · 내 · 들 · 강 ·

---

5) 오탁악세(五濁惡世) / 오탁(겁탁 · 견탁 · 번뇌탁 · 중
생탁 · 명탁)의 모양이 나타나 악한 일이 많은 세상.

못·샘·우물로 나타내어 여러 사람을 이롭게 한다. 그리하여 모두 다 제도해 해탈케 하며 혹은 제석천왕의 몸으로 혹 범왕의 몸으로, 전륜왕의 몸이나 거사의 몸으로, 국왕이나 재상의 몸으로, 관속의 몸으로, 비구·비구니·우바새·우바이·성문·나한·벽지불·보살 등의 몸으로 나타내어 교화하고 제도하나니 단지 부처의 몸으로만 그 몸을 나타내는 것이 아니니라. 내가 여러 겁을 두고 부지런히 애써서 이처럼 교화하기 어려운 억세고 거친 죄고중생을 제도하였으나 거기에 아직도 다스려지지 못한 자가 있을 것이니라. 그 죄업에 따라 만약 악도에 떨어져서 큰 고통을 받게 된 것을 보거든 그대는 마땅히 내가 이 도리천궁에서 은근히 부촉하던 것을 생각하여, 사바세계에 미륵

불이 나타나실 때까지 모든 중생을 다 해탈
케 하여 영원히 모든 괴로움을 벗어나게 하
고 부처님의 수기를 받도록 하라."

그 때 여러 세계에서 온 모든 분신 지장보
살이 다시 한 몸이 되어 슬피 울며 부처님께
아뢰었다.

"제가 멀고 먼 겁으로 오면서 부처님의
인도하심을 입어 불가사의한 신력을 얻고
큰 지혜를 갖추게 되었습니다. 제가 저의 분
신으로 하여금 백 천만 억 항하 세계에 두루
하여 한 세계마다 백 천만 억의 몸을 나타내
고 한 몸마다 백 천만 억 사람을 제도하여
삼보께 귀의토록 하며 영원히 나고 죽는 고
통을 떠나 열반의 즐거움을 얻게 하겠습니
다. 다만 불법 가운데서 착한 일을 하되, 터
럭 하나, 물방울 하나, 모래알 하나, 티끌 하

나, 머리카락 하나만 하다면, 제가 점차 제도하여 큰 이익을 얻게 하겠습니다. 원하옵건대 부처님께서는 뒷세상의 악업중생을 염려하지 마옵소서."

이와 같이 세 번이나 부처님께 말씀드렸다.

그 때 부처님이 지장보살을 칭찬하셨다.

"참으로 장하도다. 내가 그대를 기쁘게 하리다. 그대가 오랜 겁 동안에 세운 큰 서원을 능히 성취하여 장차 널리 중생을 제도한 후 곧 깨달음을 이루리다."

제3장 중생의 업연을 살피는 품

　그 때 부처님의 어머니 마야부인이 공경
하는 마음으로 합장하고 지장보살에게 여
쭈었다.

　"성자여! 염부제[6] 중생이 업을 짓는 차별
과 받게 되는 과보는 어떠합니까?"

　지장보살이 대답했다.

　"천만세계 모든 국토에는 혹 지옥이 있기
도 하고, 혹 없기도 하며, 혹 여자가 있기도
하고 없기도 하며, 혹 불법이 있기도 하고
없기도 하며, 성문이나 벽지불까지도 역시
그렇습니다. 혹 있기도 하고 없기도 하니 단
지 지옥의 죄보도 하나뿐이 아닙니다."

──────────

6)　염부제 / 수미산 남쪽에 있는 대륙. 4대주의 하나. 수미
　　산을 중심으로 인간세계를 동서남북 4주로 나눈 가운
　　데 염부제는 남주.

마야부인이 거듭 여쭈었다.

"염부제에서 죄보로 나쁜 곳에 떨어져 보를 받는 것을 듣고 싶습니다."

지장보살이 대답했다.

"제가 대강 말씀하겠나이다."

"원하옵나니, 성자여 말씀하소서."

지장보살이 마야부인에게 말했다.

"남염부제의 죄보를 말씀드리면 이와 같습니다. 만일 어떤 중생이 부모에게 불효하고 혹 살해까지 하였다면, 무간지옥에 떨어져 천만 억 겁으로 벗어날 기약이 없습니다. 만약 어떤 중생이 부처님 몸에 피를 내거나 삼보를 헐어 비방하고 경전을 존중하지 않으면 또한 무간지옥에 떨어져서 천만 억 겁으로 벗어날 기약이 없습니다.

만약 어떤 중생이 절의 재산에 손해를 주

거나 비구·비구니를 더럽히거나, 혹 절 안에서 방자하게 음욕을 행하거나 혹 죽이고 해롭게 한다면 이런 무리들도 무간지옥에 떨어져서 천만 억 겁으로 벗어날 기약이 없습니다.

만일 어떤 중생이 마음은 사문이 아니면서 거짓으로 사문이 되어 절의 재산을 함부로 쓰고, 신도를 속이며 계율을 어겨 갖가지 나쁜 짓을 하면 이 같은 무리들도 마땅히 무간지옥에 떨어져 천만 억 겁으로 벗어날 기약이 없습니다. 만약 어떤 중생이 절의 재물을 도둑질하되 재물이나 곡식, 의복을 한 가지라도 주지 않은 것을 가지는 이는 마땅히 무간지옥에 떨어져서 천만 억 겁을 벗어날 기약이 없습니다.

마야 부인이시여, 만일 어떤 중생이 이와

같은 죄를 지으면 마땅히 오무간[7]지옥에 떨어져서 잠깐 만이라도 고통이 멈춰지기를 원해도 이룰 수가 없습니다."

마야부인이 여쭈었다.

"어떤 것을 무간지옥이라 하옵니까?"

"마야부인이시여, 모든 지옥이 큰 철위산 속에 있습니다. 그 중에 큰 지옥은 열여덟 곳이나 됩니다. 그 다음 것이 오백인데 이름이 각각 다르고, 또 그 다음 것이 천백이나 되는데 역시 이름이 각각 다릅니다. 무간지옥은 그 지옥의 성 주위가 8만여 리가 되며,

---

7) 오무간(五無間)/ 아비지옥을 말함. ①취과무간(趣果無間); 업(業)을 지음과 과보를 받음 사이에 다른 생(生)이 없는 것. ②수고무간(受苦無間); 고를 받는데 간격이 없는 것. ③시무간(時無間); 고를 받는 시간에 끊임이 없는 것. ④명무간(命無間); 목숨이 항상 계속되어 끊임이 없는 것. ⑤형무간(形無間); 넓이 8만 유순 되는 지옥에 몸이 꼭 차서 조그만 빈틈이 없는 것.

그 성은 순전히 쇠로 되었습니다. 높이는 만리인데 성 위에는 불더미가 조금도 빈틈없이 이글거리며, 그 지옥 성 가운데 여러 지옥이 서로 이어져 있는데 이름이 각각 다릅니다. 여기에 따로 한 지옥이 무간지옥이니, 이 지옥의 둘레는 1만 8천리요, 지옥담 높이는 천리이며, 다 쇠로 되었고 위에서 불이 아래로 쏟아져 내려오고 아랫불은 위로 치솟으며, 몸이 쇠로 된 뱀과 개가 불을 토하면서 담장 위를 동서로 마구 달립니다. 지옥 가운데에는 넓이가 만리에 가득한 평상이 있는데, 한 사람이 죄를 받아도 그 몸이 평상 위에 가득 차게 누워 있는 것을 스스로 보게 되고 천만 사람이 죄를 받아도 역시 각자의 몸이 평상 위에 가득 참을 보게 되는데, 여러 가지 죄업으로써 이 같은 과보를 받게 되는 것입니다. 또 모든 죄인이 온갖 고초를 골고루 다 받는데, 천백 야차와 악한 귀신이 어금니는 칼날 같고 눈은 번개 빛 같으며 손에는 구리쇠 손톱이 있어 창자를 끄집어내어 토막토막 자릅니다. 또 어떤 야차는 큰 쇠창을 가지고 죄인의 몸을 찌르는데, 혹 입과 코를 찌르며 혹 배와 등을 찔러서 공중에 던졌다가 다시 받아서 그대로 평상 위에 놓기도 합니다. 또 쇠로 된 매는 죄인의 눈을 쪼으며, 쇠로 된 뱀은 죄인의 목을 감아 조이고, 온 몸에다 긴 못을 박으며, 혀를 빼서 밭을 갈 때 죄인이 끌게 하고, 구리 쇳물을 입에 붓고 뜨거운 쇠로 몸을 감아서 하루 동안에도 만 번을 죽였다 만 번을 살렸다 합니다.

업으로 받는 과보가 이와 같아서 억 겁을

지나도 벗어날 기약이 없습니다. 그러다가 이 세계가 무너질 때는 다른 세계로 옮기고, 다른 세계가 무너지게 되면 또 다시 다른 세계로 옮겨 가고 또 옮겨가곤 하다가 이 세계가 또 이루어지면 다시 돌아옵니다. 무간지옥의 죄보가 이러합니다. 또 다섯 가지 죄보를 받는 일이 있으므로 오무간지옥이라 합니다. 첫째는 밤낮으로 죄를 받아 겁이 거듭하도록 끊이질 않으므로 무간이라 이름합니다. 둘째는 한 사람이라도 그 지옥에 가득 차고 많은 사람이라도 또한 가득 차므로 무간이라 합니다. 셋째는 죄를 받는 기구에 쇠몽둥이·매·뱀·늑대·개·맷돌·톱·도끼·끓는 가마·쇠그물·쇠사슬·쇠나귀·쇠말 등이 있으며 생가죽으로 머리를 조르고 뜨거운 쇳물을 몸에 부으며, 배고프면 뜨거운 철환을 먹고 목마르면 뜨거운 쇳물을 마시면서 해가 가고 겁이 다해 나유타 겁이 지나도록 고초가 잇따라 끊임없으므로 무간이라 합니다. 넷째는 남자와 여자, 오랑캐, 늙은이와 젊은이, 귀한 이와 천한 이, 용, 신, 하늘사람 할 것 없이 죄를 지으면 그 업에 따라 받는 것이 모두 같으므로 무간이라 합니다.

다섯째는 만약 이 지옥에 떨어지면 처음 들어갈 때부터 백 천겁에 이르도록 하루 낮 하루 밤에 만 번 죽고 만 번 살아서 잠깐의 멈춤도 없다가 나쁜 업이 다 소멸해야만 비로소 다른 곳에 태어납니다. 이런 고통이 줄곧 잇따라 끊이지 않으므로 무간이라고 하는 것입니다. 무간지옥에 대해 대강 말씀드리면 이와 같습니다.

만일 형벌받는 기구 등의 이름과 그 모든
고초 당하는 일을 자세히 말씀드리자면 한
겁 동안에도 다할 수 없습니다."

마야부인이 이 말을 듣고 근심 깊은 얼굴
로 합장정례하고 물러갔다.

제4장 염부제중생이 업보를 받는 품

그 때 지장보살마하살이 부처님께 아뢰
었다.

"부처님이시여, 제가 부처님의 위신력을
입어 백 천만 억 세계에 두루 이 몸을 나타
내어 모든 업보중생을 구제하고 있습니다.
만일 부처님의 큰 자비하신 힘이 아니었다
면 곧 이와 같은 변화를 부리지 못할 것입니

다. 제가 이제 또 부처님의 부촉[8]하심을 받아 미륵부처님이 성불하실 때까지 육도중생을 다 해탈토록 하겠습니다. 바라옵건대, 부처님께서는 염려하지 마옵소서."

그 때 부처님이 지장보살께 말씀하셨다.

"모든 중생이 해탈을 얻지 못하는 것은 성식(性識)이 정한 바 없이 나쁜 습관으로 업을 맺고, 착한 습관으로 과(果)를 맺으므로 혹은 착하기도 하고 혹은 악하기도 하여 그 경계를 따라 태어나게 된다. 그리하여 육도를 윤회하니 잠시도 쉴 수가 없다. 또한 티끌 수같이 많은 겁이 지나가도 미혹하여 마치 그물 속에서 노는 고기가 그물 안이 마냥 흐르는 물인 줄 알아서 잠시 벗어났다가

---

8) 부촉(付囑) / 마음의 뜻을 말로 표현하여 부탁하는 것. 흔히 부처님께서 교법(敎法)을 잘 전하여 줄 것을 부탁하는 뜻으로 사용됨.

또 그물에 걸리곤 하는 것과 같다. 이와 같은 무리들을 내가 근심하였더니 그대가 이미 과거 여러 겁 동안 거듭한 서원을 실천하려고 저 죄 많은 무리를 널리 제도하겠다하니 내가 다시 무엇을 염려 하겠는가."

이렇게 말씀하실 때 그 자리에 있던 정자재왕(定自在王)보살이 부처님께 아뢰었다.

"부처님이시여! 지장보살은 여러 겁을 지내오면서 어떠한 서원을 세웠기에 이처럼 부처님의 찬탄을 받습니까? 원하옵나니, 부처님께서 간략히 말씀해 주옵소서."

그 때에 부처님이 정자재왕보살께 이르셨다.

"자세히 듣고 잘 생각하라. 내가 그대를 위하여 분별하여 말해 주겠다. 저 과거의 한량없는 아승지 나유타 말할 수 없는 겁 이전의 일이니라. 그 때에 부처님이 계셨다.

그 이름은 일체지성취 · 여래 · 응공 · 정변지 · 명행족 · 선서 · 세간해 · 무상사 · 조어장부 · 천인사 · 불 · 세존이셨고, 그 부처님의 수명은 6만 겁이었다. 이 부처님이 출가하기 전에는 작은 나라 왕이 되어 한 이웃나라 왕과 더불어 벗을 삼고 함께 십선[9]을 행하여 중생을 이롭게 하였다. 그런데 그 이웃나라 백성들이 여러 가지 악한 일을 행해 두 왕은 의논하고 널리 선한 방편을 베풀고자 하였다. 한 왕은 이렇게 발원했다.

"내가 어서 깨달음을 이루어 이러한 무리들을 남김없이 제도하리라."

또 한 왕은 "만일 죄받는 중생을 먼저 제

9) 십선(十善) / ①목숨을 살리는 것. ②보시하는 것. ③계행 가지는 것. ④실다운 말. ⑤부드러운 말. ⑥정직한 말. ⑦화합하는 말. ⑧탐하지 않음. ⑨성내지 않음. ⑩바른 소견.

도하여 그들로 하여금 편안케 하고 깨달음을 이루지 못하게 하면 나는 끝내 성불하기를 원하지 않노라."고 하였다."

부처님이 정자재왕보살에게 말씀을 계속하셨다.

"먼저 성불하기를 발원한 왕은 곧 일체지성취여래였고, 영원히 죄받는 중생을 제도하고, 성불하기를 원하지 않던 이는 바로 지장보살이었다. 또 과거 한량없는 아승지겁에 한 부처님이 세상에 나타나셨으니 명호는 청정연화목여래이셨고, 수명은 40겁이었다. 그 부처님 상법[10]시대에 한 나한이 있

---

10) 상법(像法) / 삼시(三時)의 하나. 정법시대와 비슷한
   시기란 뜻. 부처님이 멸도한 후 5백 년(혹 1천 년)의
   정법시대가 지난 뒤의 1천년 동안. 정법시대에는 교
   (敎)·행(行)·증(證)이 갖추어 있지만 상법시대에는
   교(敎)·행(行)만 있다고 함.

어서 복으로써 중생을 제도하였는데 차례로 교화하다가 광목이라는 한 여인을 만났더니 음식을 대접하기에 나한이 물었다.

"무엇을 원하느냐?"

"저는 어머니가 돌아가신 날에 명복을 지어 구제하려 하나 우리 어머니가 어느 곳에 태어나셨는지 알지 못합니다."

나한[11]이 불쌍히 여겨서 정(定)에 들어 광목녀의 어머니가 간 곳을 보니 지옥에 떨어져서 모진 고통을 받고 있었다. 나한이 광목에게 물었다.

"너의 어머니가 세상에 있을 때에 어떠한 죄업을 지었는가? 지금 지옥에 떨어져서 큰 고통을 겪고 있다."

"저의 어머니는 습성이 물고기나 자라 같

---

11) 나한(羅漢) / 아라한의 준말

은 것들을 즐겨 먹었으며, 그 중에서도 고기 알 같은 것을 많이 먹었습니다. 때로는 굽거나 쪄서 마음껏 먹었으니 아마 그 수를 헤아리면 천만보다 배나 더 될까 싶습니다. 존자께서는 불쌍히 여기셔서 어떻게 하시든지 제도해 주옵소서."

나한이 가엾게 여기고 방편을 생각해 광목에게 권하였다.

"그대 지극한 정성으로 청정연화목여래를 생각하고, 그 부처님 형상을 그려 모시면 산 사람이나 죽은 사람이 모두 좋은 과보를 얻게 된다."

광목이 이 말을 듣고 곧 아끼는 물건을 바쳐서 불상을 그려 모시고 공양을 올리며 더욱 공경하는 마음으로 슬피 울며 우러러 예배하였다. 문득 새벽녘 꿈에 부처님을 뵈오니 금빛이 찬란하기가 마치 수미산 같았다. 그 부처님께서 광목에게 이르셨다.

"너의 어머니가 오래지 않아 너의 집에 태어나리라. 그래서 겨우 배고픔과 추위를 느낄 만하면 곧 말을 할 것이다."

그 뒤에 그 집에 있는 종이 자식을 낳으니 사흘이 못 되어 말을 하는데 머리를 숙여 슬피 울면서 광목에게 이렇게 말했다.

'나고 죽는 업연으로 과보는 스스로 받게 마련이다. 나는 너의 어머니다. 오래 어두운 곳에 있었다. 너와 이별한 뒤로 여러 번 큰 지옥에 떨어졌다가 이제 너의 복력을 입어 미천한 사람으로 태어났으나 단명하여 나이 열세 살이 되면 다시 악도에 떨어질 것이다. 네가 내 업보를 벗어나게 할 무슨 방법이 있겠느냐?"

광목이 이 말을 듣고 자기 어머니임을 의심치 않고 슬피 울며 종의 자식에게 말했다.

　"이미 당신께서 저의 어머니이시면 스스로 지은 바 죄를 아시지 않습니까? 어떤 행업을 지었길래 악도에 떨어지셨습니까?"

　"살생하고 불법을 비방한 두 가지 업을 지어 과보를 받았다. 만일 네가 복을 지어 나의 고난을 구제해 주지 않았다면 이런 업으로써 악도를 도저히 벗어날 수 없었을 것이다."

　"지옥죄보는 어떠하였습니까?"

　광목이 물었다.

　"지옥죄보 받던 일은 차마 말로 할 수 없다. 백 천년을 두고 말하더라도 다 말할 수 없다."

　광목이 이 말을 듣고 눈물을 흘리고 슬피

울며 허공을 향해 말했다.

"원하옵나니, 나의 어머니를 영원히 지옥에서 벗어나게 해 주소서. 열세 살을 마치고 다시는 무거운 죄보가 없어 악도에 들어가지 않도록 해 주소서. 시방에 모든 부처님이시여! 자비로 저를 불쌍히 여기소서. 제가 어머니를 위하여 일으키는 넓고 큰 서원을 들어 주옵소서. 만일 우리 어머니가 삼악도와 미천한 신분과 여인의 몸까지 여의고 영겁토록 보를 다시 받지 않게 된다면 제가 청정연화목여래의 상 앞에서 맹세하겠습니다. 오늘부터 이 뒤로 백 천만 억겁 동안 세계에 있는 지옥과 삼악도에서 고통받는 모든 중생들을 맹세코 제도하여 지옥·축생·아귀에서 영원히 벗어나게 하며 이와 같은 무리들을 모두 다 성불하게 한 뒤에 제가 비로소 올바른 깨달음을 이루겠습니다."

이렇게 서원을 발하니 청정연화목여래께서 감응해서 말씀하셨다.

"광목이여! 네가 큰 자비로 어머니를 위하여 이처럼 큰 원을 세웠구나. 내가 보건대 너의 어머니가 열세 살이 되면 이 보를 버리고 범지(바라문)로 태어나서 백세를 살 것이다. 그런 후에는 무우국토(無憂國土)에 태어나 헤아릴 수 없는 겁을 살다가 뒤에 불과를 이루고 널리 항하의 모래처럼 수많은 인간과 천상의 중생을 제도하리라."고

부처님께서 또 말씀하셨다.

"그 때에 광목을 복으로 제도한 나한이 무진의보살이고, 광목의 어머니는 곧 해탈보살이며 딸이 되었던 광목은 바로 지장보살이다. 지나간 오랜 겁 동안에 이처럼 사랑

하고 불쌍히 여겨 항하의 모래 수와 같은 원
을 발하고 널리 중생을 제도하였다. 앞으로
오는 세상에 만일 남자나 여인이 착한 일을
하지 않는 자, 악한 일을 하는 자, 인과를 믿
지 않는 자, 사음하고 거짓말하고 이간하는
말하고 악담하는 자, 대승법을 비방하는 자
라면 반드시 나쁜 곳에 떨어질 것이다. 만일
선지식을 만나 그의 권유로 손가락 한번 튕
기는 사이라도 지장보살께 귀의하면 이 모
든 중생이 곧 삼악도의 죄보에서 풀리게 된
다. 만일 지극한 마음으로 귀의하여 공경하
고 절하고 찬탄하며, 향·꽃·의복·갖가
지 보배와 음식으로 받들어 섬기는 이는 미
래 백 천만 억 겁 동안에 항상 여러 하늘에
살면서 아주 묘한 안락을 누릴 것이다. 또
만일 천상의 복이 다해 인간 세상에 태어나

더라도 백 천겁 동안 항상 제왕이 되어서 능히 숙명의 인과의 본말을 기억하게 된다.

정자재왕이여! 이처럼 지장보살에게는 불가사의한 큰 위신력이 있어서 널리 중생을 이롭게 하느니라. 그대들 모든 보살은 마땅히 이 경을 기록하여 널리 펴서 전하라."

정자재왕보살이 부처님께 아뢰었다.

"부처님이시여, 원하옵나니 염려하지 마옵소서. 저희들 천 만억 보살마하살이 반드시 부처님의 위신을 받들고, 널리 이 경을 설하여 염부제에서 중생을 이익되게 하겠습니다."

정자재왕보살이 부처님께 아뢰고는 합장하고 공손하게 예배하며 물러갔다.

이 때에 사방의 천왕이 함께 자리에서 일어나 합장하고 공손히 부처님께 여쭈었다.

"부처님이시여, 지장보살은 오랜 겁을 지내오면서 이와 같은 큰 원력을 발하였는데 어찌하여 지금에 이르도록 아직도 중생들을 다 제도하지 못하고 다시 넓고 큰 서원을 발하옵니까? 원하옵나니 부처님께서는 저희들을 위하여 말씀해 주소서."

부처님께서 사천왕에게 말씀하셨다.

"참으로 장하다. 내가 이제 그대들과 미래 현재의 하늘과 인간중생들에게 널리 이익을 주기 위하여 지장보살이 사바세계 염부제의 생사의 길에서 자비로 일체의 고통받는 중생을 구제하고 해탈시키는 방편을 말하겠다."

사천왕이 말씀드렸다.

"부처님이시여, 원하옵나니 기꺼이 듣고자 합니다."

부처님이 말씀하셨다.

"지장보살이 오랜 겁을 거쳐서 지금에 이르기까지 중생을 제도해서 해탈시켜 왔지만 아직도 그 원을 다 마치지 못하였느니라. 자비한 마음으로 이 세상의 고통받는 중생을 불쌍히 여기며 미래의 한량없는 겁 동안 업의 인(因)이 끊어지지 않음을 너무나 많이 보게 되므로 또 거듭 원을 발하는 것이다. 이러한 보살은 사바세계 염부제 안에서 백 천만 억 방편으로 중생을 교화하고 있다. 사천왕이여, 지장보살이 만일 중생을 죽이는 이를 만나면 숙세[12]에 재앙이 있고 단명하게 되는 과보를 말해 줄 것이다. 만일 도둑질하는 이를 보면 가난하여 고통받는 과보를 말해 주며, 만일 사음하는 이를 보면

_____

12) 숙세(宿世) / 지난 세상의 생애. 곧 과거세를 말함.

비둘기 · 공작 · 원앙새의 과보를 말해준다. 만일 입을 사납게 놀리는 이를 보면 권속과 싸우는 과보를 말해 주고, 만일 사람을 비방하는 이를 보면 혀가 없고 입에 창병이 나는 과보를 말해 준다. 만일 성내는 이를 보면 얼굴이 더럽게 찌그러지는 과보를 말해 주며, 만일 간탐하고 인색한 이를 보면 구하는 것이 뜻대로 되지 않는 과보를 말해 주고, 만일 음식을 법도 없이 먹는 이를 보면 배고프고 목마르고 목에 병나는 과보를 말한다. 만일 사냥하기 좋아하는 이를 보면 놀라거나 미쳐서 죽는 과보를 말해 주고, 만일 어버이에게 불효한 이를 보면 천재지변으로 죽는 과보를 말해 준다. 만일 산과 숲에 불을 지르는 이를 보면 실성해 죽는 과보를 말해 주고, 만일 어느 생에서나 부모에게 악독하게 구는 이를 보면 내생에 바뀌어 나서 매 맞는 보를 말해 주며, 만일 그물로 작은 새를 사로잡는 이를 보면 골육 간에 서로 이별하는 과보를 말해 준다. 만일 불 · 법 · 승 삼보를 비방하는 이를 보면 눈멀고 귀 먹고 벙어리가 되는 과보를 말해 주고, 만일 불법을 가벼이 하고 불교를 업신여기는 이를 보면 영원히 악도에 처하는 과보를 말해 준다. 만일 절의 재물을 마구 쓰는 이를 보면 억겁 동안 지옥에서 윤회하는 과보를 말해 주며, 만일 청정한 행을 더럽히고 스님을 속이는 이를 보면 영원히 축생으로 윤회하는 과보를 말해 준다. 만일 끓는 물 · 불 · 무기로 생명을 죽이는 이를 보면 새나 짐승이 되어 굶주리는 과보를 말해 준다. 재물을 옳지 않게 낭비해 쓰는 이를 보면 구하는 바가 막히고 끊어지는 과보를 말해 주며, 만일 아만이 많은 이를 보면 미천한 종이 되는 과보를 말해 준다. 만일 두 말로 이간질시켜 싸움을 붙이는 이를 보면 혀가 없거나 혀가 백이나 되는 과보를 말해 주고, 만일 소견이 삿된 이를 보면 변방에 태어나는 과보를 말해 줄 것이다. 이와 같이 염부제 중생의 몸과 입과 뜻으로 짓는 악습의 결과로 받게 되는 백 천 가지 과보를 이제 대강 말하였다. 이와 같은 염부제 중생이 지은 업으로 받은 과보의 차별에 따라 지장보살은 백 천 방편으로 교화하고 있건만, 이런 중생들은 먼저 이 같은 죄보를 받고, 뒤에는 지옥에 떨어져 여러 겁이 지나도록 벗어날 기약이 없다. 이런 까닭으로 그대들은 사람을 보호하고 나라를 보호하여 이 모든 죄업으로 하여금 중생을 미혹하지 말도록 하라."

　사천왕이 이 말씀을 듣고는 눈물을 흘리고 슬피 탄식하면서 합장하고 물러갔다.

제5장　지옥의 이름 품

　그 때 보현보살마하살이 지장보살에게 말했다.

　"지장보살이여! 원하옵나니 천인과 용, 팔부신중과 미래, 현재의 일체중생을 위하여 사바세계 염부제의 죄지은 중생이 과보를 받는 지옥의 이름과 중생이 보(報)를 받는 일을 말씀하여 미래세의 말법중생들로 하여금 그 과보를 알게 하소서."

　지장보살이 대답했다.

"그대에게 내가 이제 부처님의 위신력과 대사의 힘을 받들어 지옥 이름과 죄보에 대해 간략히 말하겠습니다. 염부제의 동쪽에 산이 있는데 이름은 철위산이라 하며 그 산은 어둡고 깊어서 해와 달의 빛이 없습니다. 여기에 큰 지옥이 있는데 이름이 극무간(極無間)이요, 또 지옥이 있는데 이름이 대아비(大阿鼻)요, 또 지옥이 있는데 이름이 사각(四角)입니다. 또 비도(飛刀)지옥·화전(火箭)지옥·협산(夾山)지옥·통창(通槍)지옥·철거(鐵車)지옥·철상(鐵床)지옥·철우(鐵牛)지옥·철의(鐵衣)지옥·천인(千刃)지옥·철려(鐵驢)지옥·양동(洋銅)지옥·포주(抱柱)지옥·유화(流火)지옥·경설(耕舌)지옥·좌수(坐首)지옥·소각(燒脚)지옥·담안(擔鮟)지옥·철환(鐵丸)지옥·쟁론(諍論)지옥·철수

(鐵鉄)지옥·다진(多瞋)지옥이 있습니다.

　지장보살이 또 말했다.

　"철위산 속에는 이와 같은 지옥들이 수도 없이 있습니다. 또 규환(叫喚)지옥·발설(拔舌)지옥·분뇨(糞尿)지옥·동쇄(銅鎖)지옥·화상(火象)지옥·화구(火狗)지옥·화마(火馬)지옥·화우(火牛)지옥·화산(火山)지옥·화석(火石)지옥·화상(火床)지옥·화량(火梁)지옥·화응(火鷹)지옥·거아(鋸牙)지옥·박피(剝皮)지옥·음혈(飮血)지옥·소수(燒手)지옥·소각(燒脚)지옥·도자(倒刺)지옥·화옥(火屋)지옥·철옥(鐵屋)지옥·화량(火狼)지옥 등이 있습니다. 그 여러 지옥 속에는 각각 또 작은 지옥이 있는데 혹은 하나, 둘 혹은 셋, 넷에서부터 백 천까지 있으니 그 이름이 각각 다릅니다."

지장보살이 또 보현보살에게 말하였다.

　"이 여러 지옥이 모두 남염부제에서 악한 짓을 한 중생들의 업의 힘으로 생겨나는 것입니다. 업의 힘이란 매우 커서 수미산과 같으며 큰 바다보다 깊어서 깨달음의 길을 막습니다. 이런 까닭으로 중생은 비록 작은 악이라도 죄가 되지 않는다고 가벼이 여기지 말아야 됩니다. 아무리 적은 악이라도 죽은 뒤에는 과보를 받아야 하며, 부모와 자식이 지극히 친한 사이라도 가는 길이 각각 다르고 비록 서로 만날지라도 대신 받을 수 없습니다. 내가 이제 부처님의 위신력을 받들고, 지옥에서 죄보받는 일을 대강 말하리니 잠깐 들어 보십시오."

　보현보살이 대답했다.

　"내가 삼악도에 죄보를 안 지는 오래 되

오나 바라옵기는 후세 말법시대에 모든 악
행하는 중생들이 지장보살의 말씀을 듣고
불법으로 돌아오도록 하려는 것입니다.”
　지장보살이 말했다.
　“지옥의 죄보는 이와 같습니다. 어떤 지
옥은 죄인의 혀를 빼서 소로 하여금 갈게 하
며, 어떤 지옥은 죄인의 심장을 빼내서 야차
가 먹으며, 어떤 지옥은 물을 끓여서 몸을
삶습니다. 어떤 지옥은 벌겋게 단 구리쇠 기
둥을 죄인에게 안도록 하며, 어떤 지옥은 맹
렬한 불더미를 죄인의 몸에 덮어씌웁니다.
어떤 지옥은 언제나 차디찬 얼음뿐이며, 어
떤 지옥은 한없는 똥과 오줌뿐입니다. 어떤
지옥은 쇠뭉치가 날아들며, 어떤 지옥은 불
창으로 찌릅니다. 어떤 지옥은 몽둥이로 가
슴과 등을 때리며, 어떤 지옥은 손발을 태웁

니다. 어떤 지옥은 쇠뱀이 몸을 칭칭 감으며, 어떤 지옥은 몸이 쇠로 된 개가 달려들며, 어떤 지옥은 쇠나귀를 타게 합니다. 이와 같은 죄보를 받는 지옥마다 또 백 천 가지 죄업을 받는 형구가 있는데 그 모두가 구리, 무쇠, 돌이요 불로 되어 있습니다. 이 네 가지 물건은 여러 가지 업에 따라 나타난 것입니다. 만일 지옥의 죄보에 대한 것을 널리 말하자면, 각각의 지옥마다 다시 백 천 가지 괴로움이 있는데 하물며 그 많은 지옥의 고통이야 말할 바 있겠습니까. 내가 이제 부처님의 위신력과 보현보살의 물음을 받들어 간략히 말했으나 만일 상세히 말하면 겁이 다해도 다 말할 수 없습니다."

제6장 부처님께서 찬탄하시는 품

　그 때 부처님께서 온 몸으로 큰 광명을 비추시며 백 천억 항하의 모래 수와 같은 모든 부처님 세계를 두루 밝히시고, 큰 소리로써 널리 모든 부처님 세계에 보살마하살과 천인과 용, 귀신과 사람, 다른 모든 것들에게 외치셨다.

　"내가 오늘 지장보살마하살이 시방세계에서 불가사의한 큰 위신력과 자비의 힘으로써 온갖 죄의 고통을 받는 중생을 구호하는 일에 대해 드높이 찬탄하리라. 내가 멸도한 뒤에 그대들 모든 보살과 천·용·귀신들은 널리 방편으로 이 경전을 지킬 것이며, 일체중생으로 하여금 모든 고통을 여의고 열반락을 얻게 하라."

이렇게 말씀하시었다. 그 자리에 있던 보광(普光)보살이 합장하고 부처님께 아뢰었다.

"지금 부처님께서 지장보살에게 불가사의한 큰 위신력이 있음을 찬탄하셨습니다. 오직 원하옵건데 부처님께서 미래세 말법 중생을 위하여 지장보살이 인간과 천상을 이롭게 하는 인과에 대해 말씀해 주소서. 그리하여 모든 천·용·팔부신중과 미래세 중생으로 하여금 부처님의 말씀을 받들게 해 주십시오."

그 때 부처님께서 보광보살과 비구·비구니·우바새·우바이에게 말씀하셨다.

"내가 마땅히 그대들을 위하여 지장보살이 인간과 천상을 이롭게 하는 복덕에 대해 간략히 말하겠다."

보광보살이 아뢰었다.

"부처님이시여, 기꺼이 듣고자 합니다."

부처님이 말씀하셨다.

"미래세에 만일 어떤 선남자, 선여인이 이 지장보살마하살의 이름을 듣고 혹 합장하는 이와 찬탄하는 이, 예배하는 이, 흠모하는 이는 30겁 동안 지은 죄에서 벗어난다. 보광보살이여! 만일 어떤 선남자, 선여인이 혹 지장보살상을 그리거나, 혹 흙·돌·아교풀·칠·금·은·동·철 등으로 이 보살을 조성하여 모시고 한번이라도 예배하는 사람은 백 번이나 삼십삼천[13]에 태어나고 영원히 악도에 떨어지지 않으리라. 설사 천상에서의 복이 다해 인간 세상에 태어나더라도 오히려 국왕이 되어서 큰 이익

13) 삼십삼천 / 욕계 육천(六天)의 제2.

을 잃지 않는다. 만일 어떤 여자가 여자의
몸을 싫어한다면 정성을 다해 지장보살의
탱화나 화상에 공양하되 날마다 물러서지
않고 항상 꽃·향·음식·의복·비단·당
이나 번·돈·보배 등으로 공양하면 이 선
여인은 한 번 받은 여자 몸이 다하면 백 천
만 겁토록 다시는 여인이 있는 세계에도 나
지 않을 것이니 어찌 다시 여자 몸을 받으리
오. 다만 자비원력으로 중생을 제도하기 위
해 짐짓 받는 여자 몸은 말할 것이 없다. 지
장보살께 공양한 힘과 공덕의 힘을 입은 까
닭으로 백 천만 겁토록 다시는 여자 몸을 받
지 않게 될 것이다.

　보광보살이여, 또 만일 어떤 여인이 몸이
추하고 질병이 많으면 단지 지장보살상 앞
에서 지극한 마음으로 한나절 동안만 우러

러 지극히 예배하더라도 이 사람은 천만 겁 동안에 태어나는 몸이 원만하고 모든 질병이 없을 것이다. 이 여인이 만일 여자 몸을 싫어하지 않는다면 곧 백 천만 억 겁 동안에 항상 왕의 딸이나 왕비가 되고 재상이나 명문가의 딸이 되어 단정하게 태어나고 모든 상이 원만하게 된다. 지극한 마음으로 지장보살을 우러러 예배한 까닭으로 이런 복을 얻는다.

보광보살이여! 또 만일 선남자, 선여인이 지장보살의 상 앞에서 모든 풍류와 소리로 찬탄하여 향과 꽃으로 공양하며 한 사람에게나 여러 사람에게 이를 권하더라도 이 사람들이 현재세와 미래세에 항상 백 천의 귀신들이 밤낮으로 보호해서 악한 일은 귀에 들리지 않게 하리니 하물며 여러 횡액을 직

접 받으랴.

또 보광보살이여, 미래세에 만약 악한 사
람과 악한 귀신이 있어 선남자, 선여인이 지
장보살께 귀의하여 공경하고 공양하며 찬
탄하고 예를 다하는 것을 보고 혹 망녕되이
희롱하고 비방할지도 모른다. 그 악한 귀신
이 아무 공덕과 이익이 없다고 비방하면서
이를 드러내 비웃거나 혹 돌아서서 비난하
고, 혹은 남에게 권하여 함께 비난하고 혹
한 사람에게나 여러 사람에게 비난하여 한
생각이라도 헐뜯고 비방한다면 이는 현겁
(賢劫)의 천불[14]이 멸도한 뒤까지라도 비방
한 죄보로 아비지옥에 빠져서 가장 무거운
죄를 받을 것이다. 또한 이 겁이 지나서는

―――――――――――――――――――――

14) 현겁천불 / 현재의 대겁을 현겁, 그 주겁(住劫)에 이 세
계에 출현하는 구류손불 · 구나함모니불 · 가섭불 · 석
가모니불 · 미륵불 등의 천불.

겨우 아귀가 되고, 천겁이 지나야 축생이 되며, 또 천겁이 지난 후 비로소 사람의 몸을 얻게 될 것이니라. 비록 사람이 되었더라도 가난하고 미천하며 불구의 몸이 되고, 게다가 악업이 몸에 배어 있어 오래지 않아서 다시 악도에 떨어진다.

보광보살이여! 다른 사람이 공양 올리는 것을 비방하고도 오히려 이와 같은 과보를 받거늘 하물며 따로 악한 마음을 내어서 희롱하고 훼방하는 것은 말할 필요도 없다.

보광보살이여! 또 미래세에 그런 사람은 오래 병이 들어 누워 있으면서 살고자 하거나 혹은 죽고자 하여도 마음대로 되지 않는다. 혹은 꿈에 악한 귀신과 집안 친척이 보이며, 혹은 험한 길을 헤매기도 하며, 혹은 가위 눌리며 귀신과 함께 놀고, 날이 감에 따라 점점 몸이 파리해지고 야위어서 잘 때에도 소리치며 괴로워한다. 이것은 다 이 업도에서 죄의 경중을 아직 결정하지 못하였으므로 죽기도 어렵고, 나을 수도 없게 된 것이니, 사람의 평범한 눈으로는 판단할 수 없다. 이런 때는 다만 모든 부처님과 보살의 형상 앞에서 큰 소리로 이 경을 한번이라도 읽고 또 병든 사람이 아끼는 물건이나 의복, 보배, 장원이나 사택을 놓고서 병자 앞에서 큰 소리로 외쳐라.

"우리들이 그대를 위하여 경전과 불상을 모신 앞에서 이 재물을 바칩니다. 또 경전과 불상에 공양하고 혹은 부처님과 보살의 형상을 조성하고 탑과 절을 짓고, 등불을 켜고 절에 보시합니다."

이와 같이 두세 번 말하여 병자가 알아든

도록 하라. 만약 병자가 모든 의식이 흩어지고 기진한 사람이라도 하루, 이틀, 사흘 내지 칠일 동안 높은 소리로 이 일을 말해 주고 높은 소리로 이 경전을 읽으면 이 병자가 목숨을 마친 뒤에 오무간지옥에 들어갈 사람이라도 영원히 깨달음을 얻을 것이다. 또한 다시 태어나는 곳에서는 항상 숙명으로 알 것이다. 선남자, 선여인이 스스로 이 경을 독송하고, 한 생각이라도 이 경을 찬탄하며 혹은 이 경을 공경하는 이를 보거든 그대는 꼭 갖가지 방편으로 이런 사람들에게 권하여 부지런한 마음으로 물러나지 말도록 하라. 그러면 반드시 미래와 현재에 불가사의한 백 천만 억의 공덕을 얻게 될 것이다.

보광보살이여, 또 만일 미래의 세상에 모든 중생들이 꿈이나 잠결에 모든 귀신이 보이되 그들이 슬퍼하고, 울며, 근심하고 탄식하며, 두려워하고 겁내는 것을 보게 됨은 이 것은 모두 다 이 한 생이나 열 생, 백 생, 천 생의 과거 부모·형제·자매·부부·권속 들이 악도에서 벗어나지 못하여 복력으로 고뇌를 구해 줄 곳이 아무데도 없으므로 할 수 없이 숙세의 혈육에게 호소하여 벗어날 수 있기를 원하는 것이다.

보광보살이여! 그대는 신력으로 이들 권 속으로 하여금 모든 부처님과 보살의 상 앞 에 지극한 마음으로 스스로 이 경을 읽거나 혹은 사람을 청해 세 번이나 일곱 번을 읽으 리라. 그리하면 악도에 있는 권속들이 경 읽 는 소리가 끝나는 대로 곧 깨달음을 얻어 꿈 에서나 잠결에서도 귀신이 다시는 보이지 않게 된다.

보광보살이여, 또 미래세에 어떤 미천한
사람들, 혹 노비나 부자유한 사람들이 전세
의 죄업임을 깨닫고 참회하고자 하거든 지
극한 마음으로 지장보살의 형상에 우러러
절하면서 7일 동안 보살의 이름을 외우며
만 번을 채우라. 그러면 그 사람은 이 과보
가 다한 뒤에 천만 생 동안 항상 높고 귀한
집에 태어나서 다시는 삼악도[15]의 고통을
겪지 않게 된다.

　보광보살이여, 만약 미래세에 염부제 안
에 사는 찰제리[16] · 바라문 · 장자 · 거사나
다른 종족의 새로 태어나는 자가 남자든 여

---

15) 삼악도(三惡道) / 지옥 · 아귀 · 축생 세 곳을 말함. 죄
　악을 범한 결과로 태어나서 고통을 받는 악한 곳. 삼악
　취(三惡趣)라고도 함.

16) 찰제리(刹帝利) / 범어 크샤트리아의 음역. 전주(田主)
　라 번역. 인도 사성(四姓)계급 중 바라문 다음 가는 왕
　족, 귀족, 토족의 지배계급임. 부처님도 이 계급 출신임.

자든, 7일 이내에 이 불가사의한 경전을 읽어주고, 또 보살의 이름을 부르길 만 번을 채우라. 그러면 이 새로 태어난 아기는 전세에 지은 죄보가 다 풀리고 안락하고 잘 자라며 수명도 더 늘어난다. 또 복을 타고 난 아이라면 더욱더 안락하고 장수하게 된다.

보광보살이여! 미래세의 중생은 달마다 초하룻날·여드렛날·열나흘날·보름날·열여드렛날·스무사흘날·스무여드렛날·스무아흐렛날·그믐날에는 모든 죄업을 모아서 그 무겁고 가벼움을 결정한다. 남염부제 중생이 행동하고 생각하는 것 가운데 죄업이 아닌 것이 없다. 그런데 하물며 방자한 마음으로 살생하고 도둑질하며 사음하고 거짓말하는 백 천 가지 죄상이랴. 만약 이 십재일(十齋日)에 부처님과 보살과 모든 성현의 상 앞에서 이 경을 한번 읽으면, 동서남북 백 유순 안에서는 모든 재난이 없어질 것이며, 그가 사는 집안의 어른이나 아이들이 이 현재와 미래의 백 천세에 영원히 악도를 여읠 것이다. 이 십재일마다 이 경을 한 번씩 읽으면 현세에 그 집안에 모든 횡액이나 질병이 없어질 것이고 의복과 먹을 것이 풍족하게 된다. 이런 까닭으로 보광보살이여! 지장보살에게는 이와 같은 말할 수 없는 백 천만 억 큰 위신력의 이익되는 일이 있음을 알아라. 염부제의 중생이 지장보살과 큰 인연이 있으니 모든 중생이 이 보살의 이름을 듣고 보살의 형상을 보며, 이 경에 세 글자나 다섯 글자 혹은 한 게송, 한 글귀라도 듣는 이는 현재에 안락하며 미래세의 백 천만 생에 항상 단정한 몸을 받고 존귀한 가문에 태어나게 된다."

그 때 보광보살이 부처님께서 지장보살을 찬탄하심을 듣고 무릎을 꿇어 합장하고 다시 부처님께 여쭈었다.

"부처님이시여, 저는 벌써 지장보살의 불가사의한 신력과 거룩한 서원의 힘을 알았습니다. 그러나 미래중생에게 이익을 주기 위하여 짐짓 부처님께 여쭈옵니다. 원하옵건대 자비로 들어 주옵소서. 부처님이시여, 이 경의 이름을 무엇이라 하며 저희들이 어떻게 펼치오리까?"

부처님이 보광보살에게 말씀하셨다.

"이 경은 세 가지 이름이 있느니라. 첫째 이름은《지장보살본원경》이요, 둘째 이름은《지장보살본행경》이요, 셋째 이름은《지장보살본서원력경》이니라. 이 보살이 멀고먼 겁을 지나오면서 큰 원을 발해서 중생에게 이익을 주어 왔느니라. 이런 까닭으로 그대들은 이 원에 따라 유포하도록 하라."

보광보살이 깊이 새겨듣고 신심으로 받들며 합장예배하고 물러갔다.

제7장 죽은 사람도 산 사람도 이롭게 하는 품

그 때 지장보살마하살이 부처님께 아뢰었다.

"부처님이시여, 제가 이 염부제의 중생을 살펴보니 몸을 움직이고 생각하는 모든 것이 죄 아닌 것이 없습니다. 만일 훌륭한 이를 만나더라도 대개가 처음에 낸 마음이 물

러갑니다. 혹 악한 인연을 만나면 생각 생각
마다 나쁜 것을 더해 갑니다. 이 같은 사람
은 마치 진흙구덩이에서 무거운 짐을 지고
걷는 것과 같아서 점점 지치고 더 무거워져
서 발이 깊숙이 빠져드는 것과 같습니다. 다
행히 선지식을 만나게 되면 그 무거운 짐을
덜어 주거나 혹 짐을 전부 져다 주기도 합
니다. 이는 선지식에게 큰 힘이 있기 때문입
니다. 그리고 다시 서로 붙들어 도와서 다리
를 튼튼하게 해 주며, 평지에 이르러서는 험
한 길을 살펴보아 다시는 들어가지 못하게
합니다. 부처님이시여, 악을 익힌 중생은 하
찮고 보잘 것 없는 것에서 조차 한량없는 죄
를 저지르고 맙니다. 이런 악습에 젖은 중생
이 목숨을 마칠 때 남녀 권속이 마땅히 그
를 위해 복을 베풀어서 앞길을 도와주되 깃

발을 달고, 등불을 밝히며 혹 경전을 읽어주고 혹 불상과 모든 성상에 공양하며, 부처님과 보살 벽지불을 염하되 한 분의 명호를 한 번 부르더라도 임종하는 사람의 귀에 들어가게 하고 본식에 들리게 하면, 이 모든 중생이 지은 죄업은 반드시 나쁜 곳에 떨어질 것이나, 그 권속들이 임종하는 사람을 위하여 좋은 인연을 닦았으므로 이 같은 여러 가지 죄가 다 없어질 것입니다. 만일 그가 죽은 뒤 49일 안에 다시 여러 가지 좋은 일을 하면 능히 그 중생이 영원히 나쁜 곳을 여읠 것입니다. 또한 인간이나 천상에 태어나서 아주 묘한 즐거움과 복을 받을 것이며 현재의 권속들도 이익이 한량없사옵니다. 이런 까닭으로 제가 이제 부처님과 천인 · 용 · 팔부신중과 사람과 사람 아닌 이들에 대하여 남염부제 중생에게 권하되, 임종하는 날에 삼가 살생하지 말고 악한 인연을 짓지 말며, 귀신이나 도깨비에게 제사 지내거나 절하여 구하지 말도록 권해 주십시오. 왜냐하면, 살생하고 귀신에게 제사지내는 것은 터럭 끝 만큼도 죽은 이에게 이익됨이 없고, 다만 악연만 맺어 죄를 더 깊고 무겁게 하기 때문입니다. 만일 내세나 현세에 좋은 일을 해서 인간이나 천상에 태어나게 되었더라도 임종할 때에 그 권속들이 악한 인연을 짓게 되면 그 원인으로 죽은 사람이 좋은 곳에 태어나는 것이 늦어질 뿐입니다. 하물며 임종한 사람이 살아생전에 조그만 선근도 없었다면 본래 지은 죄업을 따라 스스로 악도에 떨어질 것이니, 어찌 차마 권속들이 다시 악업을 더 보태겠습니까? 비유하면 어떤 사

람이 먼 곳에서 오는데 굶은 지 사흘이 되고
짊어진 짐은 백 근이 넘는데 이웃사람을 만
나서 다시 작은 물건을 더한다면, 점점 피곤
하고 지쳐 버리는 것과 같습니다.

　부처님이시여, 제가 보아하니 남염부제
의 중생이 다만 불법 가운데 착한 일을 한
터럭 끝만큼, 한 물방울만큼, 한 모래알만
큼, 한 티끌만큼만 행하더라도 이로 인한 이
익을 모두 다 얻게 될 것입니다.”

　이 말을 할 때 이 자리에 한 장자가 있었
으니 이름은 대변(大辯)이라 하였다. 이 장
자는 오래 전에 무생(無生)의 법을 얻어 시
방중생을 교화하였는데, 장자의 몸으로 나
투어 합장하고 공경스럽게 지장보살께 물
었다.

　“지장보살이여, 이 남염부제 중생이 목숨

을 마친 뒤에 그의 권속들이 그를 위해 공덕을 닦거나 재물로 여러 가지 착한 인연을 짓게 되면 이 임종한 사람이 큰 이익을 얻어 해탈을 얻습니까?"

지장보살이 대답했다.

"장자여, 내가 이제 현재와 미래의 일체 중생을 위하여 부처님의 위신력을 입고서 그것을 말하겠습니다. 장자여, 현재 미래의 모든 중생들이 임종할 때에 한 부처님의 명호나 한 보살의 명호, 한 벽지불의 명호를 듣게 되면 죄가 있고 없고를 떠나서 다 해탈하게 됩니다. 만일 어떤 남자나 여인이 살아생전에 착한 인연을 닦지 않고 여러 가지 죄만 지었더라면 목숨을 마친 뒤에 여러 권속들이 그를 위하여 이익되는 모든 착한 일을 하면 그 가운데 7분의 1은 망인이 얻고 나머지는 산 사람의 이익이 됩니다. 이런 까닭으로 현재 미래세의 선남자, 선여인이 이 말씀을 듣고 스스로 복을 닦으면 그 공덕을 온전히 얻게 됩니다. 죽음의 귀신은 느닷없이 닥쳐오는 것이니 그런 때 중생들은 어두컴컴한 속을 헤매며, 스스로의 죄와 복을 알지 못하고, 49일 동안 바보처럼, 귀머거리처럼 되었다가 중생의 죄업을 심판하는 곳에서 업과(業果)를 변론하고 심판받은 뒤에야 업대로 다시 태어나게 됩니다. 앞 일을 예측할 수 없는 그 사이에도 근심과 고통이 천만가지이거늘 하물며 모든 악도에 떨어져서 받는 고통에 이르겠습니까? 이 생명을 마친 사람이 새 생명으로 받지 못하는 49일 동안에는 모든 혈육권속들이 명복을 빌어 구제해 주기를 바라는 것입니다. 그러나 49일이 지나면 죄업에 따라 과보를 받게 됩니다. 만일 그가 죄지은 사람이라면 천백 세를 지나더라도 해탈할 날이 없을 것입니다. 만겁토록 영원히 온갖 고통을 받게 됩니다.

　장자여, 또 이런 죄업중생이 생명을 마친 뒤에 혈육권속이 재를 베풀어서 갈 길을 도와주되 재식을 마치기 전이나, 재를 마련할 때 쌀뜨물과 나물 다듬은 찌꺼기 등을 땅에 버리지 말며, 모든 음식을 부처님과 스님께 드리기 전에 먼저 먹지 말아야 합니다. 만일 이 법을 어겨 먼저 먹거나 정근하지 않으면, 이 생명을 마친 사람은 조금도 복력을 얻지 못하게 됩니다. 만일 지극한 마음으로 정성들여 공양구를 깨끗이 하고 부처님과 스님에게 받들어 올리면 이 망자가 그 공덕의 7분의 1을 얻을 것입니다. 장자여, 염부제 중생이 만일 그 부모와 권속을 위하여 목숨이 다한 뒤에 재를 베풀어 공양하기를 지극한 마음으로 간절히 하면 산 사람과 죽은 사람이 다함께 이익을 얻게 됩니다."

이 말을 할 때 도리천궁에 있던 천 만억 나유타의 염부제 귀신들이 모두 다 한량없는 보리심을 발하였으며, 대변장자는 기쁜 마음으로 가르침을 받들고 예배하고 물러갔다.

제8장 염라왕들을 찬탄하시는 품

그 때 철위산 속에 있는 한량없는 귀왕들이 염라천자와 함께 도리천에 계시는 부처님 계신 곳에 이르렀다. 그들은 악독귀왕 ·

다악귀왕 · 대쟁귀왕 · 백호귀왕 · 혈호
귀왕 · 적호귀왕 · 산앙귀왕 · 비신귀왕 ·
전광귀왕 · 낭아귀왕 · 천안귀왕 · 담수귀
왕 · 부석귀왕 · 주모귀왕 · 주화귀왕 · 주
복귀왕 · 주식귀왕 · 주재귀왕 · 주축귀
왕 · 주금귀왕 · 주수귀왕 · 주매귀왕 · 주
산귀왕 · 주명귀왕 · 주질귀왕 · 주험귀
왕 · 삼목귀왕 · 사목귀왕 · 오목귀왕 · 기
리실왕 · 대기리차왕 · 아나타왕 · 대아나
타왕 같은 큰 귀왕들이었다. 이들은 각각 백
천이나 되는 모든 작은 귀왕을 데리고 모두
염부제에서 각각 맡은 일이 있고 각기 머무
는 곳이 따로 있었다. 이 모든 귀왕들이 염
라천자와 더불어 부처님의 위신력과 지장
보살마하살의 힘을 입어 함께 도리천에 와
서 무리 가운데 서 있었다.

이 때에 염라천자가 꿇어 앉아 합장하고 부처님께 여쭈었다.

"부처님이시여, 저희들은 이제 모든 귀왕들과 더불어 부처님의 위신력과 지장보살 마하살의 힘을 입어 이 도리천궁의 큰 법회에 왔습니다. 이는 또한 저희들이 착한 이익을 얻은 까닭입니다. 제가 이제 조금 의심되는 일이 있어 감히 부처님께 여쭈옵니다. 원하옵건대 부처님이시여, 자비로 저를 위해 말씀해 주옵소서."

부처님이 염라천자에게 말씀하셨다.

"그대는 궁금한 바를 다 물으라. 내가 그대를 위해 말해 주리라."

이 때 염라천자가 부처님을 우러러 예배드리고 지장보살을 돌아보고 부처님께 아뢰었다.

"부처님이시여, 제가 지장보살을 살펴보니 육도(지옥·아귀·축생·인도·수라·천도) 중에 계시면서 백 천 가지 방편으로 고통받는 중생을 구하시며 피로도 괴로움도 마다하지 않으십니다. 이 대보살에게는 이와 같은 불가사의한 신통이 있으나 그래도 모든 중생들은 죄보에서 벗어났다가 오래지 않아 또 악도에 떨어집니다.

　부처님이시여, 이 지장보살에게는 이미 그런 불가사의한 신력이 있는데도 어찌하여 중생들은 착한 도에 의지하여 영원히 해탈하려 하지 않습니까? 원하옵건대 부처님이시여, 저를 위해 말씀해 주옵소서."

　부처님이 말씀하셨다.

　"남염부제 중생은 성품이 억세고 거칠어서 다스리기가 어렵다. 그렇지만 지장보살은 백 천겁으로 이와 같은 중생들을 낱낱이 구제하여 일찍이 해탈토록 하고 있다. 그러한 죄인들과 모진 악도에 떨어진 사람까지도 보살이 방편력으로써 그들의 업연의 뿌리를 뽑아서 전세의 일을 깨닫게 해주건만, 이 염부제 중생들은 스스로 악습에 젖어 있어 금방 악도에서 벗어났다가는 다시 들어가곤해서 이 보살이 수고롭게도 오랜 겁 동안으로 계속해서 제도하게 한다. 비유하자면, 어떤 사람이 본래의 집을 잃고 험한 길로 잘못 들어섰는데 그 길에는 숱한 야차와 호랑이·사자·구렁이·뱀·독사 등이 있어서 그 사람이 이 길에 들어서자마자 그것들과 마주치게 되었다. 그 때 마침 한 선지식이 있어서 큰 술법으로 모든 야차와 악한 짐승들을 잘 막고 있었다. 그런데 갑자기 어리석은 사람이 그 험한 길에 들어가려 하는 것을 보고 이 선지식이 말했다.

"이 가엾은 사람아! 어쩌자고 이런 길로 들어섰는가? 무슨 기이한 술법이라도 있어서 모든 독기를 잘 막아낼 수 있다는 말인가."

길 잃은 사람이 이 말을 듣고 비로소 험한 길인 줄 깨닫고 곧 물러서며 이 길에서 벗어나고자 하였다. 그 때 선지식이 손을 잡고 이끌어 험한 길을 벗어나서 좋은 길로 인도하여 안전하게 해 주고 말했다.

"가엾은 사람아, 지금 이후부터는 저 길을 밟지 말라. 저 길에 드는 이는 벗어나기 어려우며 게다가 목숨까지 잃게 되리라."

길 잃은 사람은 감동하였다. 서로 작별할 때 선지식이 또 말했다.

"만일 친한 사람이나 길 가는 사람을 보거든 저 길에는 모든 악독한 짐승이 많으므로 생명을 잃게 된다고 말해 주어서 중생들로 하여금 스스로 죽음의 길을 밟지 않게 하라."

　이렇게 말하는 것과 같다. 이렇게 지장보살이 큰 자비심으로 죄를 짓고 고통받는 중생을 구해서 천상이나 인간에 태어나게 하고 안락을 누리게 해주면 그들이 업도의 고통을 알고 그곳에서 벗어나 다시는 겪지 않는다. 그것은 마치 길 잃은 사람이 험한 길에 들어섰다가 선지식을 만나서 이끌려 나오게 되어 영영 다시는 들어가지 않는 것과 같다. 또 다른 사람을 만나서도 들어가지 말도록 권하면, 자연히 모두가 해탈케 되고 다시는 들어가지 않는 것과 같다.

만일 다시 그 길을 밟는다면 아직도 미혹하여 옛날에 빠졌던 험로임을 깨닫지 못하고서 혹 목숨을 잃어버리게 되나니, 마치 악도에 떨어진 중생을 지장보살이 방편의 힘으로 해탈하게 하여 인간이나 천상에 태어나게 하여도 금방 또 다시 악도에 들어가는 것과 같다. 만일 죄업이 무거우면 영원히 지옥에서 벗어날 때가 없다."

　이 때 악독귀왕이 합장하고 부처님께 아뢰었다.

　"부처님이시여, 저희들 귀왕은 그 수가 한량이 없습니다. 염부제에서 혹 사람에게 이익을 주기도 하고, 혹 사람에게 손해를 끼치기도 합니다. 제가 권속들을 시켜서 세계를 돌아다니게 해 보면 악한 것이 많고, 맑고 착한 것은 적습니다. 사람의 집이나 혹

성읍 · 촌락 · 장원주택을 지나다가 어떤 남자나 여인이 터럭만큼이라도 착한 일을 하는 것을 보면, 즉 불법을 찬양하는 깃발을 달든지, 약간의 향과 꽃을 부처님과 보살상 앞에 공양하든지, 혹 귀한 경전을 읽으며 한 글귀, 한 게송에 향을 사루어 모시든지 하는 것만 보아도 저희들 귀왕은 이 사람에게 공경히 예배하기를 과거 · 현재 · 미래 삼세 부처님을 섬기듯 합니다. 또한 큰 힘이 있는 귀신이나, 토지를 맡은 작은 귀신들로 하여금 이들을 보호하도록 해서 몹쓸 횡액과 모진 병과 뜻과 같지 않은 일들이 그 집에 얼씬도 못하도록 할 것인데 하물며 그 집안으로 들게야 하겠습니까?"

부처님이 귀왕을 칭찬하셨다.

"참으로 착하도다. 그대들이 염라천자와

더불어 능히 그토록 선남자, 선여인을 옹호한다니 나도 범왕과 제석천에게 일러서 그대들을 보호할 것이다."

이 말씀을 하실 때 그 자리에 있던 주명이라는 귀왕이 부처님께 아뢰었다.

"부처님이시여, 저는 본래 지은 업연으로 염부제 사람의 수명을 맡았습니다. 날 때와 죽을 때를 제가 모두 주관합니다. 저의 본원으로는 저들을 크게 이롭게 하려는 것이오나, 스스로 이 중생들이 제 뜻을 알지 못하고 태어나고, 죽음에 있어 모두 편안함을 얻지 못하나이다. 이 염부제 사람들이 처음 태어날 때에 남자와 여자를 가리지 않고 출산에 임박해 착한 일을 하여 집안을 더 이롭게 하면 자연히 토지신이 한량없이 기뻐하면서 자식과 어머니를 보호하여 큰 안락을 얻도록 하고 권속도 이롭게 합니다. 자식을 낳은 뒤에는 살생을 말아야 하는데도 여러 가지 생선을 산모에게 먹이며, 또 권속들이 모여 술을 마시고 고기를 먹으며 노래하고 풍악을 즐긴다면, 어머니와 자식을 편안하지 못하게 하는 것이 됩니다. 왜냐하면 아기를 낳을 때는 무수한 악한 귀신과 도깨비들이 비린내 나는 피를 먹고자 하므로 제가 미리 가택토지신들에게 모자를 보호하게 하여 편안하게 해 줍니다. 그 사람들이 편안한 것을 보고서는 마땅히 복을 베풀어 토지신의 은혜에 보답해야 할 것인데 도리어 살생을 하여 권속들이 잔치를 벌이니 이로써 죄를 짓고 과보를 받아 자식과 어머니가 함께 편안하지 못하게 됩니다. 또 염부제에서 죽는 사람은 선악을 묻지 않고 악도에 빠지지 않도록 애를 쓰고 있는데 하물며 스스로 선근을 닦은 이의 힘을 도와주는 사람이야 말할 나위가 있겠습니까? 이 염부제에서는 착한 일을 한 사람이 목숨을 마칠 때에도 또한 백 천이나 되는 악독한 귀신들이 부모와 모든 권속으로 둔갑하여 망인을 이끌어 악도에 떨어지게 하거늘, 하물며 본래부터 악을 지은 자에게야 더 말해 무엇 하겠습니까?

부처님이시여, 이처럼 염부제의 남자와 여인이 목숨을 마칠 때에 정신이 혼미하여 선과 악을 분간하지 못하고 눈과 귀로 보고 듣지 못합니다. 이러할 때 그 권속들이 마땅히 크게 공양을 베풀고 이 경전을 읽고 외우며 부처님과 보살 이름을 염해야 됩니다. 이와 같은 착한 인연을 지어 주면 죽은 사람이 모든 악도를 여의고, 모든 마군의 권속은 다 물러가고 흩어집니다.

부처님이시여, 일체 중생이 죽을 때 만일 한 부처님, 한 보살의 이름이나 혹 대승경전의 한 게송을 듣는다면, 혹은 대승경전의 한 구절이나 한 게송을 듣는다면 저는 이런 사람들을 살펴 오무간지옥에 떨어질 산목숨을 죽인 죄를 제하고는 모든 이들에게 해탈을 얻게 하겠습니다."

부처님께서 주명귀왕에게 이르셨다.

"그대는 크게 자비로워 능히 그러한 큰 원을 세워 태어나고 죽는 곳에서 모든 중생을 보살피는구나. 만일 미래세에 어떤 남자나 여인이 나고 죽을 때가 되거든 너는 그 서원을 저버리지 말고 모두를 해탈시켜 영원히 안락을 얻게 하라."

주명귀왕이 부처님께 말씀드렸다.

"원하옵나니 염려하지 마옵소서. 제가 이 몸이 다하도록 염부제 중생을 옹호하여 날 때나 죽을 때에 모두 안락함을 얻게 하겠습니다. 다만 모든 중생들이 나고 죽을 때에 저의 말을 받아들이기를 바라오며, 그리하면 모두들 해탈케 해서 큰 이익을 얻게 하겠습니다."

이 때에 부처님께서 지장보살께 말씀하셨다

"목숨을 맡은 이 큰 귀왕은 이미 백 천생 동안 큰 귀왕이 되어 나고 죽는 곳에서 중생을 옹호하고 있지만 이는 보살이 자비원력으로 큰 귀왕의 몸을 나타낸 것이요, 실은 귀왕이 아니다. 앞으로 일백 칠십 겁을 지나서 이 귀왕은 반드시 성불할 것이니, 그 이름은 무상여래라 하고 겁의 이름은 안락이요, 세계의 이름은 정주이고, 그 부처님 수명은 겁으로 헤아리지 못할 것이다.

지장보살이여, 이 대귀왕의 일이 이렇게 불가사의하고 그가 제도한 천인과 인간 세상 사람도 또한 헤아릴 수 없다."

제9장 부처님 명호를 일컫는 품

그 때 지장보살이 부처님께 아뢰었다.

"부처님이시여, 제가 지금 미래중생을 위하여 이익되는 일을 말하고, 나고 죽는 가운데서 큰 이익을 얻게 하려 하오니 허락해 주십시오."

부처님이 말씀하셨다.

"그대가 지금 자비심을 일으켜 육도의 모

든 고통받는 중생을 구해 내려고 불가사의
한 일을 말하고자 하는구나. 지금이 바로 그
때이다. 어서 말하라. 나는 곧 열반하리니
그대의 원을 빨리 마치면 나 또한 현재 미래
모든 중생에게 근심이 없게 된다."

지장보살이 말했다.

"부처님이시여, 과거 한량없는 아승지겁
에 부처님이 세상에 나셔서 이름을 무변신
여래라 하였습니다. 만약 남자나 여인이 이
부처님 이름을 듣고 잠깐이라도 공경하는
마음을 내면, 곧 40겁의 생사중죄를 벗어나
게 될 것인데 하물며 그 부처님 형상을 조
성하고 그림을 그려서 모시고, 공양하고, 찬
탄하는 이에 이르리이까. 그 사람의 복은 한
량없고 끝이 없으리다. 또 과거 항하사 같은
오랜 겁에 부처님이 세상에 나셨으니 이름

을 보승여래라 하였습니다. 만일 남자나 여인이 그 부처님 이름을 듣고 손가락 한번 튕기는 순간이라도 부처님께 귀의하는 마음을 낸다면, 이 사람은 위없는 도에서 영원히 물러서지 않을 것입니다. 또 과거 세상에 부처님이 나셨으니 이름을 파두마승여래라 하였습니다. 만일 어떤 남자나 여인이 이 부처님 이름을 듣게 되면, 이 사람은 천 번을 육욕천[17] 가운데 태어나거늘, 어찌 지극한 마음으로 이 부처님을 부르고 생각함에 비하겠습니까. 또 과거 말할 수 없는 아승지겁에 부처님이 세상에 나셨으니 이름은 사자후여래라 하였습니다. 만일 어떤 남자나 여인이 그 부처님 이름을 듣고 일념으로 귀의

---

17) 육욕천(六欲天) / 사왕천 · 도리천 · 야마천 · 도솔천 · 화락천 · 타화천.

하면 이 사람은 한량없는 여러 부처님을 만나서 정수리를 쓰다듬어 수기하심을 받을 것입니다. 또 과거세에 부처님이 계셔서 세간에 출현하였으니 그 이름을 구류손불이라 하였습니다. 만일 어떤 남자나 여인이 그 부처님 이름을 듣고 지극한 마음으로 우러러 예배하고 찬탄한다면, 이 사람은 현겁의 천불회상에서 대범천왕이 되어 으뜸가는 수기를 받을 것입니다. 또 과거 세상에 부처님이 나셨으니 이름을 비바시여래라 하였습니다. 만일 남자나 여인이 이 부처님 이름을 들으면, 영원히 악도에 떨어지지 않고 항상 인간이나 천상에 태어나서 아주 묘한 낙을 받을 것입니다. 또 과거 한량없는 항하의 모래알 같은 겁에 부처님이 세상에 나셨으니 이름을 다보여래라 하였습니다. 만일 남자나 여인이 이 부처님 이름을 들으면 끝내 악도에 떨어지지 않고 항상 인간이나 천상에 나서 아주 묘한 낙을 받을 것입니다. 또 과거에 부처님이 이 세상에 나셨으니 이름을 보상여래라 하였습니다. 만일 남자나 여인이 이 부처님 이름을 듣고 공경하는 마음을 내면, 이 사람은 오래지 않아 아라한과[18]를 얻을 것입니다. 또 과거 무량아승지겁에 부처님이 세상에 나셨으니 이름을 가사당여래라 하였습니다. 만일 남자나 여인이 이 부처님 이름을 들으면, 일백 겁 나고 죽는 죄에서 벗어나게 됩니다. 또 과거에 부처님이 세상에 나셨으니 이름을 대통산왕여래라 하였습니다. 만일 남자나 여인이 이 부처

---

18) 아라한과(阿羅漢果) / 소승의 교법을 수행하는 성문(聲聞)사과의 가장 윗자리.

님 이름을 들으면, 이 사람은 항하의 모래알과 같은 많은 부처님을 만나서 널리 설법하심을 듣고 반드시 깨달음의 길을 성취하리다. 또 과거에 정월불·산왕불·지승불·정명왕불·지성취불·무상불·묘성불·만월불·월면불 같은 말할 수 없는 부처님이 계셨습니다.

부처님이시여, 현재와 미래의 일체중생이 만일 한 부처님의 이름만 생각하여도 그 공덕이 한량이 없거늘 하물며 여러 부처님 이름을 생각한 공덕이야 말할 나위가 있겠습니까? 이 중생들은 날 때나 죽을 때나 스스로 큰 이익을 얻어서 끝내 악도에 떨어지지 않을 것입니다.

만일 목숨을 마치는 사람이 있다면 그의 집안 권속 중 한 사람이라도 이 병든 사람을 위하여 높은 소리로 한 부처님 이름을 부르고 생각하면, 이 생명을 마치는 사람은 오무간지옥에 떨어질 큰 죄가 없어지고 그 나머지 업보들은 다 소멸됩니다. 이 오무간대죄가 너무나 무거워서 억 겁을 지나도 벗어나지 못할 것입니다.

그러나 목숨이 끊어질 때에 다른 사람이 그 죽는 사람을 위하여 부처님 이름을 부르고 염하면 그 공덕을 입어서 이와 같은 무거운 죄도 점점 소멸될 것입니다.

하물며 중생이 스스로 부처님을 부르고 생각함이야 더 말해 무엇 하겠습니까. 이런 사람은 반드시 한량없는 복을 얻고 한량없는 죄가 소멸될 것입니다."

제10장 보시한 공덕을 비교하는 품

그 때 지장보살이 부처님 위신력을 입어 자리에서 일어나 무릎 꿇어 합장하고 부처님께 아뢰었다.

"부처님이시여, 제가 업도중생의 보시공덕을 비교해 헤아려 보니 그 공덕이 가볍고 무거움이 있어서 한 생만 복을 받는 이도 있고 열 생을 복을 받는 이도 있습니다. 그런가 하면 수많은 생에 걸쳐 큰 복을 받는 이도 있으니 어찌된 까닭입니까?

부처님이시여, 저희들을 위하여 말씀해 주옵소서."

부처님이 말씀하셨다.

"내가 지금 일체대중이 모인 도리천궁 법회에서 염부제 보시공덕의 가볍고 무거움을 비교하여 말하겠느니라. 그대는 자세히 들으라. 내가 그대를 위하여 말하겠다."

지장보살이 부처님께 아뢰었다.

"저는 그 일이 매우 궁금합니다. 기꺼이 듣고자 하옵니다."

부처님이 말씀하셨다.

"남염부제에 있는 모든 국왕과 재상·대신·큰 장자·큰 찰제리·바라문들이 만일 가장 가난한 이나 곱추·벙어리·귀머거리·장님 같은 온갖 불구자를 만나서 보시를 하고자 할 때에 자비스러운 마음으로 하심하여 웃으며 손수 보시하거나, 혹은 사람을 시켜 보시하거나, 부드러운 말로 위로한다면 이들이 얻는 복덕은 일백 항하의 모래알과 같은 부처님께 보시한 공덕과 같느니라. 왜냐하면 이 국왕들이 가장 가난하고

천한 무리와 불구자들에게 큰 자비심을 낸
까닭이다. 따라서 국왕 대신들에게 그만한
복이 생겨서 수많은 생에 걸쳐 항상 칠보가
그득하고 옷과 음식이 넘쳐나게 된다.

　지장보살이여, 또 만약 미래세에 모든 국
왕과 바라문들이 부처님 탑과 부처님 형상
과 보살 · 성문 · 벽지불의 형상을 만나 몸
소 힘써 마련한 것을 공양하고 보시하면, 이
국왕들은 마땅히 3겁 동안 제석천왕이 되어
아주 묘한 안락을 누릴 것이다. 만일 보시한
공덕을 법계에 회향하면 이 국왕과 바라문
들이 부처님 탑사와 부처님 형상과 보살 ·
성문 · 벽지불의 형상을 만나 몸소 힘써 마
련한 것으로 공양하고 보시하면 이 국왕들
은 마땅히 3겁 동안 제석천왕이 되어 아주
묘한 안락을 누릴 것이다. 만일 보시한 공덕

을 법계에 회향하면 이 국왕과 바라문 등은 10겁 동안 항상 대범천왕이 된다.

지장보살이여, 또 만약 미래세에 모든 국왕과 바라문이 옛 부처님의 탑묘와 혹은 경전, 불상이 파괴되고 낡아 있음을 보고 발심하여 보수하되 이 국왕, 바라문들이 스스로 힘써 마련하거나 다른 이들에게 권하여 보시인연을 많이 맺어준다면, 이 국왕, 바라문 등은 백 천생에 항상 전륜왕이 될 것이니라. 또한 함께 보시한 사람들은 수많은 생에 걸쳐 항상 작은 나라의 국왕이 될 것이니라. 더구나 탑묘 앞에 회향할 마음을 낸다면 이 국왕을 비롯해 모든 사람들이 다 불도를 이룰 것이니 이러한 과보의 공덕은 한량이 없고 끝이 없다.

지장보살이여, 또 미래세에 모든 국왕과

바라문들이 모든 늙고 병든 자와 아기 낳는 부녀들을 보고서 만일 한 생각 동안이라도 큰 자비한 마음을 내어서 의약이나 음식, 방석을 보시하여 편안하도록 해 주면, 이러한 복덕은 아주 불가사의해서 일백 겁 동안 항상 정거천[19]의 임금이 되며 2백 겁 동안은 항상 육욕천의 임금이 되리라. 그래서 마침내 부처를 이루어서 영원히 악도에 떨어지지 않고 백 천생 동안 고통받는 소리도 귀에 들리지 않게 된다.

지장보살이여, 또 만일 미래세에 국왕과 바라문들이 이와 같은 보시를 한다면 한량 없는 복을 얻고, 다시 일체중생에게 회향하

---

19) 정거천(淨居天) / 색계의 제4선천. 불환과를 증득한 성인이 나는 하늘. 무번천(無煩天)·무열천(無熱天)·선현천(善現天)·선견천(善見天)·색구경천(色究竟天)의 다섯 하늘.

면 복이 많고 적음을 떠나서 마침내 부처가 되리니, 하물며 제석천왕·대범천왕·전륜성왕의 과보이랴. 이러므로 지장보살이여, 널리 중생에게 권하여 마땅히 이렇게 배우게 할 것이다.

지장보살이여, 또 미래세에 만일 선남자, 선여인이 불법 가운데에서 털끝만큼이나 작은 선근을 심어도 받게 되는 복은 무엇으로 비유할 수가 없다.

또 지장보살이여, 미래세에 만일 어떤 선남자, 선여인이 부처님 형상이나 보살·벽지불·전륜왕의 형상을 만나서 보시하고 공양한다면 한량없는 복을 받을 것이요, 항상 인간이나 천상에서 아주 묘한 안락을 누릴 것이다. 만일 법계에 회향한다면 이 사람의 복덕은 비유할 수도 없다.

지장보살이여, 또 미래세에 만일 선남자, 선여인이 부처님 탑이나 대승경전을 만나서 새로 된 것은 보시 공양하고 우러러 찬탄 공경하여, 만일 오래되어 낡고 무너져 내린 것을 보거든 곧 보수하되 혹 스스로 마음을 내어 하거나 다른 사람에게 권하여 함께 하거나 한다면, 이와 같은 사람들은 30생 중에 항상 작은 나라 국왕이 되고 단월[20]로서 보시한 사람은 항상 전륜왕이 되어 착한 법으로 모든 작은 나라 국왕을 교화하게 된다.

　지장보살이여, 또 만일 선남자, 선여인이 불법 중에서 선근을 심되, 혹 보시공양하거나 혹 탑과 절을 보수하거나 혹 경전을 보수하면, 비록 터럭 하나, 티끌 하나, 모래알 하나, 물방울 하나 만큼의 착한 일이라도 다만

---

20) 단월(檀越) / 보시를 행하는 사람.

법계에 회향하면, 이 사람은 그 공덕으로 수
많은 생 동안 으뜸가는 묘한 안락을 받으리
라. 만일 단지 자기 권속이나 자기 이익에만
회향하게 된다면 이와 같은 과보는 3생의
안락에 그칠 뿐이다. 한 가지 착한 인연으로
서 만 가지 복을 얻게 되느니라. 지장보살이
여, 보시로써 얻는 인연공덕은 이러하다."

제11장 지신이 법을 옹호하는 품

그때 견로지신[21]이 부처님께 아뢰었다.
"부처님이시여, 제가 예로부터 한량없는
보살마하살을 뵈옵고 예배하였습니다. 모

---

21) 견로지신(堅牢地神) / 대지(大地)를 맡은 신. 이 신은
　　대지를 견고하게 하고, 항상 교법이 유포되는 곳에 가
　　서 법좌 아래에서 설법하는 이를 호위함.

두 불가사의한 큰 신통력과 지혜로 널리 중생을 제도하시지만, 이 지장보살마하살은 모든 보살보다도 서원이 더 깊고 무겁습니다.

부처님이시여, 이 지장보살은 염부제에 큰 인연이 있습니다. 저 문수보살 · 보현보살 · 관세음보살 · 미륵보살도 역시 백천 가지의 몸을 나타내어 육도중생을 제도하시지만 그 원이 끝이 있사오나 이 지장보살은 육도 일체중생을 교화하며 서원을 세운 겁의 수가 천백억 항하사와 같아서 끝이 없나이다.

부처님이시여, 제가 살펴보니 미래와 현재의 모든 중생이 자기가 사는 곳이나 남쪽 깨끗한 곳에 흙 · 돌 · 대 · 나무 등으로 집을 짓고 그 가운데 지장보살을 그리거나

금·은·동·철로 조성하여 모시고 향을 사루어 공양하며 우러러 예배하고 찬탄하면 이 사람 사는 곳에서 곧 열 가지 이익을 얻게 됩니다. 그 열 가지는 첫째, 토지에 풍년이 들 것이요, 둘째 집안이 편안할 것이요, 셋째 죽은 조상이 천상에 날 것이요, 넷째 부모가 오래 살 것이요, 다섯째 구하는 것이 뜻대로 될 것이요, 여섯째 수재 화재가 없을 것이요, 일곱째 헛되어 소모되는 것이 없을 것이요, 여덟째 악몽을 꾸지 않을 것이요, 아홉째 출입할 때 신장이 보호할 것이요, 열째 좋은 인연을 많이 만나는 것입니다.

부처님이시여, 미래와 현재의 중생이 만일 자기가 사는 처소에 이 같은 공양을 하면 이러한 이익을 얻게 되옵니다."

견로지신이 다시 부처님께 아뢰었다.

"부처님이시여, 미래세에 만일 선남자, 선여인이 자기가 사는 곳에서 이 경전과 보살의 형상을 모시고 다시 경전을 읽고 외우며 공양하면, 제가 언제나 저의 본 신력으로써 이 사람을 보호하여 불이나 물, 도둑과 크고 작은 횡액이나 일체 악한 일은 다 없게 하겠습니다."

부처님이 말씀하셨다.

"견로지신이여! 그대의 큰 신력은 다른 신들이 따르기 어렵도다. 왜냐하면 남염부제 토지가 다 너의 보호를 받으며 초목·모래·돌·나락·곡식·보배 등 일체물건이 다 땅에 있으니 모두 그대의 힘을 입기 때문이다. 더욱이 그대가 지장보살의 이익에 대해 찬탄하고 있으니 그대의 공덕과 신통은

보통 지신보다 백 천배나 된다. 만일 미래세
에 어떤 선남자, 선여인이 지장보살께 공양
하며 이 경을 읽고 외우며,《지장보살본원
경》을 의지하여 다만 한 가지 일이라도 실
천한다면, 그대가 그 힘으로 보호하여 모든
재해와 뜻대로 되지 않는 일을 귀에 들리지
도 않게 할 것인데, 어찌 일체 악한 일을 받
게 하겠느냐. 단지 그대만이 이 사람을 보호
하는 것이 아니라 제석 · 범왕권속 · 제천
권속들도 그 사람을 옹호한다. 어찌하여 이
와 같은 성현의 보호를 받게 되느냐? 이는
지장보살께 우러러 예배하고 이《지장보살
본원경》을 독송한 까닭이며 자연히 고통의
바다를 벗어나 열반락을 얻게 되므로 큰 보
호를 받는 것이다.”

제12장 보고 들어 얻는 이익의 품

그 때 부처님께서 머리 위로부터 백 천 만 억의 큰 호상광명을 쏟아 놓으셨다. 이른 바 백호상광명 · 대백호상광명 · 서호상광명 · 대서호상광명 · 옥호상광명 · 대옥호상광명 · 자호상광명 · 대자호상광명 · 청호상광명 · 대청호상광명 · 백호상광명 · 대백호상광명 · 홍호상광명 · 대홍호상광명 · 녹호상광명 · 대녹호상광명 · 금호상광명 · 대금호상광명 · 경운호상광명 · 대경운호상광명 · 천륜호광명 · 대천륜호광명 · 보륜호광명 · 대보륜호광명 · 일륜호광명 · 대일륜호광명 · 월륜호광명 · 대월륜호광명 · 궁전호광명 · 대중전호광명 · 해운호광명 · 대호운호광명이었다. 이와 같은 광명을 놓으시고는 미묘한 음성으로 모든 대중과 천인 · 용 · 팔부신중과 사람, 사람 아닌 이들에게 이르셨다.

"내가 오늘 이 도리천궁에서 지장보살이 인간과 천상에 이익을 주는 불가사의한 일과 성인의 지위에 오르게 하는 일과 십지위를 증득한 일과 아뇩다라삼먁삼보리에서 물러서지 않게 하는 일들을 드높이 찬탄하리라."

이 말씀을 하셨을 때 그 자리에 있던 관세음보살이 자리에서 일어나 무릎 꿇어 합장하고 부처님께 아뢰었다.

"부처님이시여, 이 지장보살은 큰 자비를 갖추어 죄로 고통받는 중생을 가엾게 여기시어 천 만억 세계에 천 만억 몸으로 나타나십니다. 또한 지니신 공덕과 불가사의한 위신력을 저는 이미 들었습니다. 부처님께 서는 시방의 모든 부처님과 더불어 지장보 살을 찬탄하심을 들었습니다. 어찌하여 과 거·현재·미래 삼세의 모든 부처님이 그 공덕을 말씀하여도 오히려 다하지 못하나 이까. 또 앞서도 부처님께서 널리 대중에게 이르시기를, 지장보살의 이익에 대한 일을 찬양하고자 하심을 들었습니다.

부처님이시여, 현재와 미래의 일체중생 을 위하여 지장보살의 불가사의한 일을 말 씀하셔서 천인·용·팔부신중으로 하여금 예배드리고 복을 얻게 하소서."

부처님이 관세음보살께 이르셨다.

"그대는 사바세계에 큰 인연이 있어서 만 약 천인·용·남자·여자·귀신·육도의 죄지은 모든 중생이 그대의 이름을 듣거나

그대의 형상을 보거나 생각하거나 찬탄한
다면, 이 모든 중생이 다 위없는 도에서 물
러나지 않고 항상 인간이나 천상에 태어나
서 아주 묘한 낙을 받을 것이다. 또한 인과
가 익어지면 깨달음을 이룰 것이란 수기를
부처님께 받게 된다. 그대 이제 큰 자비로써
중생과 천인·용·팔부신중을 불쌍히 여겨
내가 지장보살의 불가사의한 이익에 대하
여 밝혀 말하는 것을 듣고자 하는구나. 그대
는 자세히 들으라. 내가 이제 말하겠다."
　관세음보살이 아뢰었다.
　"기꺼이 듣고자 하옵니다."
　부처님이 말씀하셨다.
　"미래나 현재의 모든 세계 가운데 천상
사람이 누리던 천복이 다하여 오쇠상이 나
타나고 혹은 악도에 떨어지게 되었더라도

이러한 천상의 사람이 남자든 여자든 오쇠
상[22]이 나타날 때, 혹 지장보살의 형상을 보
거나 이름을 듣고 우러러 절하면 이들에게
다시 천복이 더하여져 큰 기쁨과 즐거움을
받고 영원히 삼악도의 과보를 받지 않는다.
하물며 지장보살을 보고 듣고, 향·꽃·의
복·음식·보배·영락 등으로 보시 공양한
다면 얻는 공덕이 한량이 없고 끝이 없다.

　관세음보살이여, 또 만일 미래나 현재의
모든 세계의 육도중생이 목숨을 마치려 할
때, 지장보살의 이름을 들려주어 그 한 소리
만 귀에 들어가게 하여도 이 중생들은 영원
히 삼악도의 고통을 겪지 않는다. 하물며 임
종할 때 부모나 권속들이 그 사람의 집이나

---

22) 오쇠상(伍衰相) / 머리 위에 꽃이 마름, 겨드랑이에 땀
　　나는 것, 몸에 냄새나는 것, 옷에 때가 끼는 것, 보는 자
　　가 기뻐하지 않는 것.

재물·보배·의복 등을 가지고 지장보살의 형상을 만들고 그리며 혹 병든 사람이 죽기 전에 눈으로 보고 듣게 하는 일, 권속이 그의 집과 재산을 가지고 그 병자를 위해 지장보살 형상을 조성하고 그림으로 그린 것을 병자에게 알려서 병자가 직접 눈으로 보고 듣게 하면, 이 사람은 지은 업보로 중병을 앓는 것이라도 마땅히 이 공덕을 입어서 곧 병이 낫게 되고 오래 살 것이다. 이 사람이 만일 업보로 목숨이 다하여 지은 모든 죄업으로 말미암아 악도에 떨어지는 것이 마땅하더라도 그 공덕을 입어서 죽은 뒤에 곧 인간이나 천상에 나서 아주 묘한 즐거움을 받고 모든 죄상은 소멸된다.

관세음보살이여, 또 만일 미래세에 어떤 남자나 여인이 혹 젖먹이 때나 두 살·세 살

·다섯 살 ·열 살이 못되어서 부모가 돌아
갔거나 형제자매를 잃고서 그 사람이 장성
한 뒤에 부모나 권속들을 생각하고 그리워
함에 어느 곳에 떨어졌는지, 어느 세계에 태
어났는지, 어느 천상에 났는지 모르거든 이
사람이 만일 지장보살 형상을 조성하고 그
림으로 그려 모시고, 이름을 부르며 한 번
우러러 보고 한 번 절하면서 7일이 되어도
처음 먹은 마음을 흩트리지 않고 계속해서
예배하고 우러러 공양한다면, 이 사람의 권
속이 설사 죄업으로 인하여 악도에 떨어져
여러 겁을 지나게 될지라도 부모 · 형제자
매가 지장보살의 형상을 조성하여 우러러
공경한 공덕으로 곧 해탈하게 된다. 또한 인
간이나 천상에 나서 아주 묘한 즐거움을 누
릴 것이다. 죽은 사람이 만일 복력이 있어

이미 인간이나 천상에 태어나서 즐거움을
누리고 있다면, 곧 그 공덕으로 점점 좋은
인연이 더하여 한량없는 안락을 받는다. 이
사람이 또 21일 동안 한 마음으로 지장보살
의 형상에 예배하며 그 이름을 생각하기를
만 번을 채우면, 보살이 몸을 나타내어 그의
권속들이 태어난 세계를 가르쳐 줄 것이다.
혹은 꿈속에서 보살이 큰 신력을 나타내어
서 친히 이 사람과 함께 여러 세계에 나아가
권속들을 보여 주느니라. 또 날마다 보살의
이름을 천 번씩 생각하여 천 일이 되면 보살
이 그가 사는 곳의 토지신을 시켜 몸이 다
하도록 돌보게 한다. 그에게는 먹고 입는 것
들이 풍족할 것이고, 모든 병고가 없을 것이
며, 어떤 횡액도 그 집 문안에 들지 못하게
하거늘 하물며 몸에 미치게 하겠느냐. 이 사

람은 마침내 보살의 마정수기[23]를 받게 된다.

관세음보살이여, 또 만약 미래세에 어떤 선남자, 선여인이 넓고 큰 자비심을 발하여 일체중생을 구제하고자 하거나, 위없는 깨달음을 닦고자 하거나, 삼계에서 뛰어나고자 한다면 이 모든 사람들이 지장보살의 형상을 보거나 또 이름을 듣고 지극한 마음으로 귀의하라. 의복·음식·보물로 공양하고 예배드리면 이 선남선녀들은 원하는 일이 속히 이루어지고 영원히 장애가 없게 된다.

관세음보살이여, 또 만일 미래세에 선남자, 선여인이 현재와 미래에 백 천만 억의

---

23) 마정수기(摩頂授記) / 다음 생에 반드시 깨달음을 얻어 성불하리라고 받는 수기.

소원과 백 천만 억의 일을 이루고자 하거든 다만 지장보살에게 귀의하여 우러러 공양하고 찬탄하라. 그리하면 그 모든 소원과 구하는 일이 다 성취되리라. 또 지장보살이 큰 자비로써 영원히 나를 지켜 주길 원한다면 이 사람은 꿈속에서 보살의 마정수기를 받게 된다.

관세음보살이여, 또 만일 미래세에 선남자, 선여인이 대승경전을 깊이 존중하여 부사의한 마음을 내어서 읽고 외우려 하는데, 비록 밝은 스승을 만나서 가르침을 받아 익히더라도 외웠다가는 금방 잊어서 긴 세월이 지나도 잘 읽고 외우지 못하는 것은 이 선남선녀들이 전생의 업장을 소멸하지 못한 까닭이다. 그래서 대승경전을 읽고 외우는 성품이 없는 것이니 이러한 사람은 지장

보살 이름을 듣고 형상을 보고 지극한 마음
으로 공손히 그 사실을 아뢰어야 한다. 또한
향 · 꽃 · 의복 · 음식으로 보살을 공양하고
깨끗한 정화수 한 잔을 하루 낮 하루 밤 동
안 보살 앞에 올렸다가 합장하고 남쪽으로
머리를 향하며, 물을 마실 때에는 지극한 마
음으로 마셔야 한다. 물을 마시고 나서 오신
채[24] · 술 · 고기 · 사음 · 거짓말 · 살생을 7
일 혹은 21일 동안 삼가면 이 선남자, 선여
인들은 꿈에 지장보살이 가없는 몸을 나타
내어 정수리에 물을 뿌려주는 것을 보게 된
다. 그 사람이 꿈을 깨면 곧 총명을 얻어서
경전을 한번 들으면 곧 기억하여 다시는 한
글귀 한 게송이라도 잊지 않게 된다.

관세음보살이여, 또 만일 미래세에 어떤

24) 오신채(伍辛菜)/ 파 · 마늘 · 달래 · 부추 · 홍거.

사람들이 옷과 먹을 것이 넉넉지 못하여 구해도 뜻대로 되지 않으며, 혹 질병이 많거나 흉한 일이 많고, 집안이 편치 못하며 권속이 흩어지며, 혹 모든 횡액이 몸에 닥쳐서 괴롭히고, 꿈에도 자주 놀라며, 두려운 일이 많아도 이러한 사람들이 지장보살 이름을 듣거나 형상을 보고 지극한 마음으로 공경하고 만 번을 부르게 되면, 이 모든 여의치 않은 일들이 점점 없어지고 안락을 얻게 되며 옷과 먹을 것이 풍족하고 꿈에서도 편안하게 된다.

관세음보살이여, 또 미래세에 어떤 선남자, 선여인이 생활에 필요하거나 공적 사적인 일 때문에 혹은 나고 죽는 일 때문에, 혹은 급한 일로 인해서, 혹은 산이나 숲 속에 들어가거나 강이나 바다 같은 큰물을 건너

거나, 혹은 험한 길을 지나게 될 때에 이 사
람이 먼저 지장보살의 이름을 만 번 생각하
면 그가 지나는 곳의 토지신이 보호해서 가
고 서고 앉고 눕는데 언제나 평안할 것이다.
호랑이, 사자 같은 모든 사납고 해를 끼치는
것들을 만날지라도 능히 해치지 못한다."

　부처님이 관세음보살께 이르셨다.

　"이 지장보살은 염부제에 큰 인연이 있으
니 만약 모든 중생이 보고 들어서 얻는 이익
을 말하자면 백 천겁 동안에도 다 말하지 못
하리라. 그러하므로 관세음보살이여, 그대
는 신력으로써 이 경을 유포하여 사바세계
의 중생으로 하여금 백 천만 겁토록 영원히
안락을 누리게 하라."

　이때에 부처님께서 게송으로 말씀하셨
다.

내가 이제 지장보살 위신력을 관하거니
항하사 겁 말하여도 다 말하기 어렵도다.
보고 듣고 우러르고 예배하기 일념 간에
하늘 땅을 이익하기 한량이 없어라.
혹은 남자 혹은 여자 혹은 어떤 용과 신이
삼악도에 떨어지게 되더라도
지심으로 지장보살 거룩한 몸 귀의하면
수명 늘고 모든 죄업 남김없이 없어지네.

어떤 사람 어릴 때에 양친부모 여의고서
부모님이 태어난 곳 어디인지 알 길 없고
형제자매 여러 친족 풍비박산 흩어져서
탄생하고 성장해 온 그 모두를 다 모를 때
지장보살 그 형상을 만들거나 그림 그려
지극하게 참배하고 잠시 동안 쉬면서
삼칠일 중 끊임없이 그 이름을 염한다면

지장보살 가없는 몸 그들 앞에 나타나서
그의 권속 태어난 곳 고루고루 보여주며
악도 중에 떨어져도 모두 다 건져내니
만약 능히 처음 마음 물러서지 않는다면
어김없이 이마 만져 거룩한 수기 받게 되리.

어떤 사람 만약 능히 깨달음을 구하거나
삼계의 고통바다 벗어나려 하올진대
이 사람이 모름지기 대비심을 발하고서
지장보살 거룩한 몸 우선 먼저 참배하면
여러 가지 일체소원 하루빨리 성취되며
그 앞길을 가로막는 모든 업장 영 없으리.

어떤 사람 발심하여 이 경전을 염하면서
여러 중생 제도하여 저 언덕에 가려하는
비록 부사의한 거룩한 원 세우더라도

읽고 다시 또 읽어도 모두 다 잊게 되니
이 사람이 지난 세상 지은 업장과 미혹 때문에
거룩한 대승경전 능히 외지 못하니
향과 꽃과 옷과 음식 여러 가지 완전 갖춰
지극정성 기울여서 지장보살 공양하고
정결한 물 한 잔 떠서 지장보살 앞에 차려놓고
하루가 지난 뒤에 이 물 들이마실 때에
삼가는 마음으로 오신채를 끊고
술과 고기, 삿된 음행, 망어 또한 삼가며
살생 또한 하지 않고 삼칠일을 지낸 동안
지장보살 그 명호를 지심으로 염한다면
꿈속에서 대보살의 가없는
몸을 보고 깨고 나면
눈과 귀가 문득 밝아져
이 경전의 가르침이 귓전에만 지나가도
천만 생을 두고두고 길이길이 안 잊으니

이 모두는 부사의한 지장보살 위신력이
이 사람으로 하여금 이 지혜를 얻게 함이네.

어떤 중생 빈궁하며 병이 많고
집안 운세 기울어져 권속들이 흩어지며
꿈속에도 어느 때나 편안하지 아니하고
구하는 일 어그러져 뜻하는 일 못 이룰 때
지장보살 존상 앞에 지성 다해 참배하면
세간 그 속에서 일체악사 다 멸하며
꿈속에서까지 어느 때나 편안하고
의식이 풍족하고 착한 신이 호위하리.

어쩌다가 산림이나 험한 바다 건널 때에
독기 품은 금수들과 악한 사람들과
악신들과 악귀들과 그 밖의 악풍들이
여러 가지 재난으로 온갖 고통 핍박할 때

거룩한 지장보살 존상 전에 이르러서
일심으로 참배하고 정성 다해 공양하면
이와 같은 산림이나 바다 속에 우글대던
여러 가지 악한 재난 모두 다 소멸하네.

관음이여 마음 다해 나의 말씀 잘 듣거라.
지장보살 위신력은 끝이 없고 부사의라
이와 같은 대사의 힘 만약 널리 설하려면
백천만겁 두고두고 말하여도 못 다하네.
지장보살 그 이름을 어떤 사람 혹 듣거나
거룩하온 형상 앞에 지성 다해 참배커나
향과 꽃과 의복들과 음식 갖춰 공양하면
백 천 가지 미묘한 낙 어김없이 받게 되리.
만약 능히 이 공덕을 온 법계에 회향하면
필경에 부처 이뤄 생사를 초월하리.
이 까닭에 관음이여 너 마땅히 이 법 알아

항하사 여러 국토에 널리 일러 줄지니라.

제13장 천상과 인간에게 부촉하는 품

그 때 부처님께서 금빛 팔을 다시 드시어 지장보살마하살의 이마를 어루만지시며 말씀하셨다.

"지장보살이여, 그대의 신력은 불가사의하도다. 그대의 자비도 불가사의하도다. 그대의 지혜도 불가사의하도다. 그대의 말재주도 불가사의하도다. 시방 모든 부처님께서 그대의 그 불가사의함을 찬탄하셔도 천만 겁 동안에 다 못하리라. 지장보살이여, 내가 오늘 이 도리천에서 백 천만 억의 말로 다할 수 없는 모든 부처님·보살·천인과

용 · 팔부신중이 모인 가운데 다시 부촉하
노라. 그대는 삼계의 불타는 집 속에서 아직
벗어나지 못한 모든 중생들이 하루라도 악
도에 빠지지 말도록 하라. 오무간이나 아비
지옥에 떨어져 천 만억 겁이 지나도 벗어날
기약이 없도록 하지 말라. 지장보살이여, 이
남염부제 중생들은 뜻과 성품이 정(定)한 바
가 없어서 악한 것을 익히는 이가 많고, 비
록 착한 마음을 낼지라도 잠깐 사이에 곧 물
러서며 만약 악한 인연을 만나면 생각 생각
마다 죄업이 더하게 된다. 이러므로 내가 백
천억의 분신을 나투어서 교화하고 제도하
되 그 근성을 따라서 해탈시키는 것이다. 지
장보살이여, 내가 지금 은근히 하늘과 인간
의 중생을 그대에게 부탁하느니라. 만약 미
래세에 하늘과 인간의 어떤 선남자, 선여인

이 불법 가운데 털끝 하나, 티끌 하나, 모래 알 하나, 한 방울의 물보다 작은 선근을 심더라도 그대는 도력으로 이 사람을 보호하여 점점 위없는 도를 닦아 헛되이 물러나지 않게 하라.

지장보살이여, 또 미래세에 만약 천인이나 세상 사람이 죄업에 따라 악도에 떨어지게 된다면 악도에 떨어질 때에나 혹은 지옥 문 앞에 이르러서도 이 중생들이 한 부처님 이름과 한 보살 이름, 대승 경전의 한 구절, 한 게송만 생각하더라도 그대는 신력과 방편으로써 구제하라. 가없는 몸을 나타내 지옥을 부수고 천상에 태어나게 하여 수승한 낙을 누리게 하라."

이 때 부처님께서 게송으로 말씀하셨다.

현재와 미래의 모든 중생을
내 이제 그대에게 부촉하노라.
대신통과 방편으로 제도하여서
악도에 떨어지지 않도록 하라.

이 때 지장보살마하살이 무릎 꿇어 합장
하고 부처님께 아뢰었다.

"부처님이시여, 원하옵나니 걱정하지 마
십시오. 미래세에 만약 선남자, 선여인이 이
불법 가운데 한 생각이라도 공경하면 제가
온갖 방편으로 그를 제도하여 나고 죽음으
로부터 빨리 벗어나게 하오리다. 하물며 모
든 착한 일들을 듣고 생각 생각마다 닦아 행
하는 사람이야 말할 나위 있겠습니까. 이 사
람은 자연히 위없는 도에서 영원히 물러서
지 않을 것입니다."

이 말을 할 때 그 자리에 있던 허공장이란 한 보살이 부처님께 아뢰었다.

　"부처님이시여, 제가 도리천에서 부처님 께서 지자보살의 위신력이 불가사의하다고 찬탄하심을 들었습니다. 미래세에 만약 선 남자, 선여인과 모든 천인과 용들이 이 경전 과 지장보살의 이름을 듣거나 혹 형상을 우 러러 참배한다면 얼마만큼의 이로움을 얻 게 되옵니까? 바라옵건대 부처님, 미래와 현재의 모든 중생을 위하여 간략히 말씀해 주십시오."

　부처님이 말씀하셨다.

　"자세히 들으라. 내가 마땅히 그대를 위 하여 분별하여 말하겠다. 만일 미래세에 선 남자, 선여인이 지장보살의 형상을 보거나 이 경전을 읽고 외우며 향·꽃·의복·음

식 · 보배로써 공양하고 찬탄예배하면 28
가지 이익을 얻게 된다. 첫째는 천인과 용이
지켜 줌이요, 둘째는 좋은 과보가 날로 더
하는 것이요, 셋째는 착한 인연을 만남이요,
넷째는 보리심이 물러나지 않음이요, 다섯
째는 옷과 먹을 것이 넉넉함이요, 여섯째는
질병이 닥치지 않음이요, 일곱째는 수재 화
재를 여윔이요, 여덟째는 도적의 액이 없음
이요, 아홉째는 모든 사람이 보고 흠모하고
공경함이요, 열째는 귀신이 도울 것이요, 열
한째는 여자가 남자 몸이 되는 것이요, 열두
째는 여자라면 국왕이나 대신의 딸이 되는
것이요, 열셋째는 모양이 단정할 것이요, 열
넷째는 천상에 많이 태어날 것이요, 열다섯
째는 제왕이 될 것이요, 열여섯째는 숙명지
(宿命智)를 통할 것이요, 열일곱째는 구하는

것은 다 뜻대로 됨이요, 열여덟째는 권속들이 화목함이요, 열아홉째는 모든 횡액이 소멸됨이요, 스물째는 업도가 영원히 소멸할 것이요, 스물한째는 가는 곳마다 다 통달함이요, 스물두째는 꿈이 편안할 것이요, 스물셋째는 선망부모가 괴로움에서 벗어날 것이요, 스물넷째는 이미 지은 복을 타고 남이요, 스물다섯째는 모든 성현이 찬탄할 것이요, 스물여섯째는 총명하고 근기가 수승할 것이요, 스물일곱째는 사랑하고 어여삐 여기는 마음이 넉넉할 것이요, 스물여덟째는 마침내 성불하는 것이다.

허공장보살이여, 또 만약 현재 미래의 천인과 용·팔부신중이 지장보살의 이름을 듣거나 그 형상에 예배하거나 혹은 지장보살의 본원(本願) 등의 일을 듣고 수행하며

찬탄하고 참배하면, 일곱 가지 이익을 얻게
된다. 첫째는 속히 성인지위에 뛰어오름이
요, 둘째는 악업이 소멸됨이요, 셋째는 모
든 부처님이 곁에서 보호해 줌이요, 넷째는
깨달음의 길에서 물러나지 않음이요, 다섯
째는 본원력이 더 커짐이요, 여섯째는 숙명
통을 얻음이요, 일곱째는 마침내 성불함이
다."

이 때 시방세계에서 모이신 말로 할 수 없
는 그 모든 부처님과 큰 보살과 천인과 용
·팔부신중들이 석가모니 부처님께서 지장
보살의 불가사의한 큰 위신력을 드높이 찬
탄하심을 듣고 일찍이 없던 일이라 하며 감
탄하였다. 도리천에는 한량없는 향·꽃·
의복·영락 ·구슬이 비 오듯 내려 석가모
니 부처님과 지장보살께 공양하였고 법회

에 모인 대중들이 다시 우러러 절하고는 합장하고 물러갔다.

지장보살예찬문

저희들이 엎드려서 지성 다하여
향로 위에 향 한 개 사르고 나니
향기는 온 법계를 진동하옵고
이 땅에서 불국토로 고루 퍼지매
곳곳마다 상서구름 피어나오니
저희들의 간절한 뜻 살펴 주십사
자비하신 부처님 강림하소서.

약사본원경

이와 같이 나는 들었다.

부처님께서 여러 나라를 다니시며 교화하시다가 광엄성[25]의 낙음수(樂音樹) 나무 아래 머무르고 계실 때였다.

부처님께서는 8천의 비구들을 거느리고 계셨는데, 그 자리에는 보살마하살[26] 3만 6천, 수많은 국왕과 대신들, 바라문, 거사, 천룡과 야차, 이들 뿐만 아니라 이 세상에 가득한 목숨있는 모든 것들이 다 한 자리에 모

---

25) 광엄성(廣嚴城) / 중인도의 지명. 이곳에서 부처님이 《약사경》과 《유마경》을 설하셨다고 함.

26) 보살마하살(菩薩摩訶薩) / 열심히 수행하여 미래에 부처님의 깨달음을 얻을 이. 소승의 경지인 성문, 연각과 구별되는 보살의 경지.

여들어 부처님을 공경하고 있었다.

이 자리에서 부처님은 가르침을 설하셨다.

이 때, 문수사리법왕자는 부처님의 거룩함을 받들어 자리에서 일어나 예를 갖추고 부처님께 무릎 꿇고 합장한 뒤 다음과 같이 여쭈었다.

"부처님이시여! 바라옵건대, 모든 부처님들의 거룩한 이름과 크나큰 원과 수승한 공덕을 말씀해 주십시오. 그래서 듣는 모든 이로 하여금 업장을 소멸케 하고, 상법시대의 중생들에게 이롭고 안락한 길을 알려 주십시오."

부처님은 문수사리동자를 크게 칭찬하셨다.

"착하도다, 문수사리여! 그대는 자비스럽

기 그지없는 마음으로 내게 모든 부처님들
의 이름과 거룩한 서원과 공덕에 대해 말해
달라고 청하는구나.

　그대의 청은 업장에 얽매인 중생들을 구
하고, 상법시대의 중생들에게 이롭게 안락
한 길을 알려주기 위한 뜻임을 알겠다. 그대
는 잘 듣고 생각해 보아라. 그대를 위해서
말하겠다."

　문수사리동자는 대답했다.

　"말씀해 주십시오. 저희들은 기꺼이 듣겠
습니다."

　부처님은 문수사리동자에게 말씀하셨다.

　"이곳에서 동쪽으로 열 항하사[27] 불국토
를 지나 한 세계가 있으니 그 이름은 정유리

---

27) 항하사(恒河沙) / 항하의 모래알처럼 많은 수를 비유한
　　 것. 무량무수한 크고 많은 수.

요, 그곳의 부처님은 약사유리광여래[28] ·
응공 · 정변지 · 명행족 · 선서 · 세간해 ·
무상사 · 조어장부 · 천인사 · 불 · 세존이
라고 불리신다.

이 약사유리광여래께서 보살도를 닦으실
때 열두 가지의 크고 거룩한 원을 세우시고,
모든 중생들로 하여금 구하는 바를 다 이루
게 하셨다.

이 때의 원은 이러하다.

제1대원

바라옵건대, 다음 세상에서 제가 아뇩다라
삼먁삼보리[29]를 이룰 때에는 스스로를 지혜
의 빛으로 밝혀 가없는 세계를 비추어지이다.

---

28) 약사유리광여래 / 부처님을 일컫는 다른 이름들.

29) 아뇩다라삼먁삼보리 / 더없는 부처님의 깨달음.

또, 32상³⁰⁾과 80종호³¹⁾ 대장부에게 나타나는 거룩한 모습으로 이내 몸을 장엄하며 모든 중생들 또한 그리 되어지이다.

제2대원

바라옵건대 다음 세상에서 제가 깨달음을 얻을 때에는 이내 몸이 유리처럼 안과 밖이 모두 밝고 환하고, 티끌없이 깨끗하며, 광명이 두루하고, 공덕이 드높아 몸이 편안하게 머물고, 그 화려한 부처님의 장엄이 해와 달보다 더욱 빛나며 저승의 중생들도 모두 비추어 깨우치고, 그들의 뜻대로 모든 일

---

30) 32이상(三十二相) / 부처님과 보살, 전륜성왕의 몸에 갖추어져 있는 거룩한 모습 32가지.

31) 80종호(八十種好) / 부처님과 보살에게만 나타나는 80가지의 특징. 32상보다 잘 드러나지 않음. 32상과 80종호를 합쳐 "상호"라고 함.

들을 이루도록 하여지이다.

제3대원

바라옵건대 다음 세상에서 제가 깨달음을 얻을 때에는 한량없고 끝없는 지혜와 방편으로 모든 중생들에게 필요한 물건들을 마음껏 얻게 하여 항상 넉넉하게 하리이다.

제4대원

바라옵건대 다음 세상에서 제가 깨달음을 얻을 때에는 중생들이 설령 삿된 길에 빠져 있더라도 모두 깨달음의 길에 편안히 머물게 하며, 성문[32]이나 독각승[33]을

---

32) 성문(聲聞) / 부처님의 말씀을 듣고 깨닫는 이나 그 경지. 부처님의 제자를 가리키기도 함.

33) 독각승(獨覺乘) / 홀로 수행해서 깨달음을 열려고 하는 수행법.

행하는 이라도 대승의 길로 편안히 이끌어
세우게 하리이다.

제5대원

바라옵건대 다음 세상에서 제가 깨달음
을 얻을 때에는 모든 중생들이 이 법으로 범
행[34]을 닦아 모두 다 원만함을 얻고 삼취정
계[35]를 갖추며, 혹시 이 법을 지키지 못한
이가 있더라도 내 이름을 들으면 다시 청정
해져서 악도[36]에 떨어지지 않게 하리이다.

---

34) 범행(梵行) / 청정한 행위.

35) 삼취정계(三聚淨戒) / 대승보살의 계법. 섭율의계·섭
   선법계·섭중생계를 뜻함.

36) 악도(惡道) / 금생에 나쁜 짓을 하여 태어나는 지옥·
   아귀·축생의 삼악도. 때로는 사악도, 육악도를 말하기
   도 함.

제6대원

바라옵건대 다음 세상에서 제가 깨달음을 얻을 때에는 만약 중생들의 몸이 성하지 않아 육근³⁷⁾이 갖추어져 있지 않거나, 그 모습이 흉하고 어리석으며 장님·귀머거리·벙어리·곰배팔이·앉은뱅이·곱추·문둥이·미치광이 이런 온갖 병으로 괴로움을 겪는 이라도 내 이름을 들으면, 온몸이 성하게 되고 모든 질병과 병고가 스러지게 하리이다.

제7대원

바라옵건대 다음 세상에서 제가 깨달음을 얻을 때에는 모든 중생들이 온갖 병을 앓아 돌보아 줄 이조차 없고, 부처님께 귀의할

---

37) 육근(六根)/ 눈·귀·코·혀·몸·뜻.

수도 없으며, 의사나 약, 친지도 없고 머무를 집조차 없이 가난하고 굶주려 괴로움을 겪더라도 내 이름을 한 번만 듣는다면 온갖 병이 다 낫고, 몸과 마음이 안락하며, 집안이 두루 풍족해지고 마침내 위없는 깨달음을 얻게 하리이다.

제8대원

바라옵건대 다음 세상에서 내가 깨달음을 얻을 때에는 만약 어떤 여인이 여자로 태어나 겪어야하는 많은 나쁜 일로 인해 괴로워하고 슬퍼하다가 여자의 몸을 버리고자 한다면 그 때 바로 내 이름을 듣기만 해도 남자로 바뀌어 장부의 모습을 갖추게 되고 위없는 깨달음을 얻게 하리이다.

제9대원

　바라옵건대 다음 세상에서 내가 깨달음을 얻을 때에는 모든 중생들이 악마의 그물에서 벗어나고, 외도[38]에 얽매이지 않게 하며, 또 만약 갖가지 나쁜 소견의 숲속에 떨어지더라도 그들을 무사히 이끌어 올바른 생각을 갖게 하고, 나날이 보살행을 닦아 익혀서 한시라도 바삐 위없는 깨달음을 얻게 하리이다.

제10대원

　바라옵건대 다음 세상에서 내가 깨달음을 얻을 때에는 어떤 중생들이 나라의 법을 어겨 묶이고 매를 맞고, 감옥에 갇히며 죽음을 당하고, 이 밖에 모진 재난을 받고, 능욕

---

38) 외도(外道)/ 불교가 아닌 다른 가르침.

과 슬픔, 더할 수 없는 괴로움으로 몸과 마음이 지쳐 있더라도 내 이름만 듣는다면, 내 복덕과 위신력으로 모두가 근심과 괴로움으로부터 벗어나 해탈을 얻게 하여지이다.

제11대원

바라옵건대 다음 세상에서 내가 깨달음을 얻을 때에는 중생들이 목마르고 굶주림을 참지 못해 음식을 구하려고 나쁜 짓을 하더라도 내 이름을 듣고 일심으로 생각하면 먼저 맛있는 음식으로 주림을 달래게 하고 그 다음엔 참다운 진리의 기쁨을 맛보게 하여 마침내 안락하게 하리이다.

제12대원

바라옵건대 다음 세상에서 내가 깨달음

을 얻을 때에는 모든 중생들이 헐벗어 날짐
승과 벌레에 물리고 추위와 더위에 밤낮 시
달려 괴롭더라도 만약 내 이름을 듣고 일심
으로 생각하면 그가 바라는 대로 온갖 좋은
옷들을 얻고 또 보배로 된 패물과 꽃과 향,
춤과 노래로 즐기며 모든 이가 만족하리이
다.

　문수사리여, 바로 이것이 부처님인 약사
유리광여래가 보살도를 행할 때 다짐한 열
두 가지의 미묘하고 거룩한 서원이다.
　문수사리여, 저 약사유리광여래께서 보
살도를 행할 때 세운 거룩한 서원과 그 불국
토의 공덕장엄은 내가 수많은 세월을 지나
더라도 이루 다 말로 할 수 없다.
　그 불국토는 한결같이 청정해서 여자다

남자다 하는 구분도 없고, 모진 고통을 겪어
야 하는 악취[39]도 없으며, 괴로운 소리도 들
리지 않고, 땅은 유리처럼 환히 빛난다. 또
금줄로 길의 경계를 나누고, 성·궁궐·누
각이며 집의 창과 추녀는 일곱 가지의 보물
로 주렴을 늘어뜨리고 마치 아름답고 찬란
한 서방극락세계처럼 보인다.

그 나라에 두 보살마하살이 있으니 한 분
은 일광변조보살이요, 다른 한 분은 월광변
조보살이다. 이들은 수없이 많은 보살마하
살 가운데서도 으뜸이라. 모두 다 약사유리
광여래의 정법보장[40]을 가졌다.

그러므로 문수사리여, 믿음이 깊은 모든

---

39) 악취(惡趣) / 악도와 같은 말.
40) 정법보장(正法寶藏) / 부처님의 가르침을 보배곳간에
    비유한 말.

선남자, 선여인들은 마땅히 저 부처님 세상
에 나기를 바란다."

부처님께서 문수사리동자에게 다시 말씀
하셨다.

"문수사리여! 어떤 중생들은 선악을 가리
지 못하고 남의 것을 탐내고, 제 것을 아껴
보시하지 않으며, 그로 인한 과보 또한 모른
다.

어리석고 무지해 믿음이 깊지 않고 눈앞
의 재물을 모으는 데만 급급하여 자신의 도
움을 필요로 하는 이를 달갑지 않게 여기고,
어쩌다 베풀어 줄 때에는 자신의 몸이라도
덜어내는 듯 아까워한다.

또 탐욕이 가득 찬 중생들은 자나 깨나 재
물을 모으는 일에만 골몰해 심지어 자신을
위한 일에 조차 쓰는 법이 없는데, 하물며

부모와 처자, 가깝거나 먼 이웃을 위해서 베풀겠느냐. 이런 중생들은 죽은 뒤 아귀나 축생으로 태어날 것이다.

그러나 인간으로 살았을 때 약사유리광여래의 이름을 언젠가 들었던 그 인연으로, 아귀나 축생으로 있으면서 그 부처님의 이름을 단 한번이라도 생각만 하면 바로 인간으로 환생한다.

그 사람은 전생의 일을 알아 악도의 고통을 두려워하니 헛된 욕망과 환락을 즐기지 않으며, 기꺼이 베풀고, 보시하는 이를 찬탄하며, 남의 것을 절대 탐내지 않고, 더 나아가 자신의 몸을 누가 요구할지라도 아까워하지 않는다. 그런데 하물며 재물을 아까워하겠느냐."

부처님께서 다시 문수사리동자에게 말씀

하셨다.

"문수사리여! 중생들이 여래로부터 모든 계를 받았다 하더라도 지키지 않거나 비록 계율은 지키더라도 규칙을 지키지 않거나, 계율이나 규칙은 지켰더라도 정견[41]을 가벼이 여기는 이, 정견을 가벼이 여기지는 않더라도 다문[42]을 버리고 부처님이 말씀하신 가르침의 깊은 뜻을 제대로 모르거나, 다문일지라도 증상만이 되는 이, 그렇게 증상만[43]이 되어 마음이 어두워져 항상 자신만 옳고 남을 그르다하고, 정법을 싫어하면 악

41) 정견(正見) / 모든 편견을 버린 생각, 불교의 바른 진리를 시인하는 생각.
42) 다문(多聞) / 불법을 많이 들어 박학다식한 것. 부처님 제자를 가리키는 말로도 씀.
43) 증상만(增上慢) / 깨달음을 이루지 못하고도 이미 얻었다고 잘난 체 하는 이.

마의 무리가 된다.

　이처럼 어리석은 사람은 스스로 삿된 생각으로 수많은 중생들을 험난한 구렁에 떨어뜨린다. 이 중생들이 지옥이나 축생, 혹은 귀신의 세상과 같은 온갖 고통스러운 곳을 헤매다가 우연히 약사유리광여래의 이름을 듣게 되면, 나쁜 짓을 버리고 착한 일을 행해 고통스러운 악도를 벗어나게 된다.

　가령, 착한 일을 하지 않고 그대로 나쁜 일을 하다가 악도에 떨어진다 하더라도 약사유리광여래부처님께서는 거룩한 본원의 위신력으로 그들에게 잠시나마 약사유리광여래의 이름을 듣게 하신다.

　목숨이 다한 뒤에는 다시 사람으로 태어나 정견과 정진을 얻고, 마음과 뜻을 함부로 하지 않고 기꺼이 출가하여 여래의 법 가운데 계를 지키고, 그를 어기는 일이 없다. 정견과 다문으로 깊고 오묘한 뜻을 헤아리고, 증상만을 버리고 정법을 비방하지 않으며, 악마의 무리와 함께하지 않으며, 나날이 보살행을 닦기에 힘써 속히 원만한 경지에 이르게 된다.

문수사리여! 만약 중생들이 인색하며 남의 것을 탐내고, 질투하거나 자신을 높이고 남을 업신여기면, 그로 인해 마땅히 삼악도에 떨어져 헤아릴 수 없이 오랜 세월 동안 말할 수 없는 고통을 받는다. 그런 후에는 사람 사는 곳에 소나 말 혹은 낙타나 나귀로 태어나 항상 채찍질 받고 배고파 시달리며, 무거운 짐을 지고 머나먼 길을 가야만 할 것이다. 그렇지 않고 사람의 몸으로 태어난다 해도 가난하고, 종살이를 하거나, 어디에 있더라도 자신의 마음대로 살아갈 수 없다.

그러나 예전에 인간으로 있을 때 일찍이 약사유리광여래의 이름을 들은 적이 있다면, 그 인연으로 이 생에서 다시 그 기억이 살아나 지극한 마음으로 귀의하고 부처님의 거룩한 힘으로 모든 고통에서 벗어나 해탈하게 된다.

그런 이는 온 몸이 단정하고 총명해 항상 지혜와 다문으로 올바른 가르침을 구하며, 좋은 벗을 만나 나쁜 무리를 가까이 하는 일이 없고, 캄캄한 무명을 깨뜨리고 모든 번뇌에서 벗어나 생노병사와 온갖 근심걱정을 겪는 일이 없다.

문수사리여! 만약 중생들이 서로 흩어져 다투고 싸우기를 좋아하면 자신과 남을 괴롭힐 뿐만 아니라 갖가지 나쁜 업을 지으니 항상 해로운 일만 일삼고 되풀이하여 서로를 모함한다. 산이나 숲, 나무 등 온갖 귀신에게 고사지내며, 많은 중생들을 죽이고 피와 살로 야차나 나찰 등의 귀신을 섬기고, 원한이 있는 사람의 이름을 쓰고 형상을 만들어 나쁜 주문으로 그를 저주하며, 주문으로 이미 죽은 송장을 일으켜 명을 끊고, 그 몸을 부순다.

그러나 이러한 중생이라도 약사유리광여래의 이름을 듣기만 한다면, 앞에서 말한 온갖 나쁜 일을 다시 하지 않으며, 한결같은 마음으로 자비심을 일으킨다. 이롭고 편안해져 괴로운 생각, 미움과 원한이 저절로 사라지며, 저마다 기쁘고 즐거움이 넘쳐 남을 해치는 일이 없으니 모두가 풍요롭고 이로워진다.

문수사리여! 만약 비구·비구니·우바
새·우바이와 믿음 깊은 선남자, 선여인들
이 팔관재계[44]를 받아 1년 동안 지니거나,
석 달 동안이라도 계를 지키면 이 좋은 인연
으로 아미타 부처님[45]이 계신 서방 극락세
계에 태어날 것이다.

　정법을 듣고자 했으나 아직 이르지 못한
사람도 약사유리광여래의 이름을 듣는다면
숨을 거둘 때에 문수사리보살·관세음보
살·대세지보살·무진의보살·보단화보

---

44) 팔관재계(八關齋戒) / 집에 있는 이가 하루 밤낮 동안
　　받아 지키는 계율. ①중생을 죽이지 말라. ②훔치지 말
　　라. ③음행하지 말라. ④거짓말하지 말라. ⑤술 먹지 말
　　라. ⑥꽃다발 쓰거나 향 바르고 노래하고 춤추고 즐기
　　거나 그런 곳에 가서 구경하지 말라.　높고 넓고, 크며
　　잘 꾸민 평상에 앉지 말라. ⑧때 아니면 먹지 말라.

45) 아미타 부처님(阿彌陀佛) / 대승불교에서 가장 중요한
　　부처님의 한 분으로 서방 극락세계에 계심.

살 · 약왕보살 · 약상보살 · 미륵보살 등 팔
대보살이 나타나 올바른 길을 가리키고 올
바른 길을 알려주니 갖가지 보배꽃이 아름
다운 극락세계에 다시 태어나게 된다. 또 이
런 까닭으로 천상에 태어나게 되는데 천상
에 태어나더라도 본래의 선근이 다하지 않
았으니 악도에 떨어지는 일이 없다.

　천상의 수명이 다하면 인간으로 다시 태
어나 전륜성왕[46]이 되어 천하를 다스리기
도 하고, 위덕이 자재로워 많은 사람들을 열
가지 선한 길(십선도)을 닦아 바르게 살게 할
것이다. 또 왕족이나 바라문, 부호가 되어
많은 재물이 곳간에 가득 차 있으며, 그 사
람의 모습이 단정할 뿐만 아니라 권속 또한

---

46) 전륜성왕(轉輪聖王) / 부처님의 32상을 갖추고 전 세
　　계를 다스린다고 생각된 전설적이고 신화적인 왕. 불전
　　에는 부처님과 가끔 비교되기도 함.

부족함이 없다. 그래서 항상 지혜와 총명, 용맹스런 자태와 위엄이 갖추어져 있으니 마치 힘센 장사와 같게 된다.

어떤 여인이 약사유리광여래의 이름을 듣고 지극한 마음으로 받아 지니면 이 다음 생에는 다시 여자로 태어나지 않는다."

다시 부처님께서 말씀하셨다.

"문수사리동자여! 저 약사유리광여래께서 성불하셨을 때 본디 세우신 서원의 거룩한 힘으로 온갖 병으로 시달리는 중생들을 돌보시게 된다. 말라비틀어진 중생, 황달 · 열병으로 시달리거나 저주를 받아 고통스러워하는 중생, 명이 짧은 중생, 느닷없이 죽음을 당하는 불쌍한 중생들의 질병과 고통을 없애 주신다. 이처럼 중생들이 바라고 원하는 바를 두루 갖추어 주시고자 부처님께서는 삼매[47]에 드셨다. 이 때 부처님의 이름은 "모든 중생의 괴로움과 고통을 없애주시는 분"이라고 하였다. 이렇게 부처님께서 선정[48]에 드시자 온 천지에 거룩한 광명이 비치었다.

부처님은 신비한 대다라니(진언)[49]를 설하셨다.

나무바가바제 비살사루로 벽유리발라 바갈라사야 다타아다야 아라하제

---

47) 삼매(三昧) / 마음을 하나의 대상에 집중해 산란하지 않은 상태.

48) 선정(禪定) / 몸과 마음을 한 곳에 모아 움직이지 않고 고요히 생각하는 수행.

49) 대다라니/ 범어를 번역하지 않고 소리대로 옮겨 읽는 것을 다라니라고 하는데 구절이 긴 것. 이 다라니를 외우면 모든 장애를 없애고 복덕을 얻어 그 공덕이 넓고 크다고 함.

삼막불타야 단야 타 옴 비살서 비살서 비살사
삼몰아제 사바하

　밝은 빛이 가득한 이 때 이렇게 주문을 설
하시자 온 땅이 진동하고 찬란한 빛이 비치
어 모든 중생들은 병이 낫고 편안하고 즐거
워졌다.
　"문수사리여! 만약 남자나 여자를 막론하
고 앓고 있는 사람을 보면 마땅히 한 마음으
로 그 사람을 위해 마음과 몸을 청정히 하고
맑은 물에 1백 8편의 주문을 외워 마시게
하라.
　그리하면 앓는 사람의 온갖 병이 다 낫게
된다.
　또 구하는 바가 있어 간절한 마음으로 진
언을 외우면 모든 사람이 앓지 않게 되고 건

강하게 오래 살며, 목숨이 다한 뒤에도 나쁜 곳에 태어나지 않고, 진리를 구하는 일에 게을러지지 않아 반드시 깨달음을 얻는다.

이런 까닭으로 문수사리여! 모든 사람들은 항상 지극한 마음으로 약사유리광여래를 공경하고 늘 이 신비한 진언을 외워 잊지 않도록 해라.

또 문수사리여! 만약 믿음이 아주 깊은 선남자, 선여인이 약사유리광여래의 이름을 항상 듣고 부른다 하자.

그 사람은 이른 새벽 깨끗이 양치질하고 세수한 후, 갖가지 향과 아름다운 꽃, 음악으로 부처님께 공양하며 이 경전을 스스로 쓰거나 다른 사람에게도 쓰기를 권하고, 한 마음으로 그 뜻을 지닐 것이다.

뿐만 아니라 이 경전의 뜻을 새기고 여러

스님들께 필요한 갖가지 물건으로 공양드리고 베풀지니, 부처님의 위력으로 구하는 모든 소원이 다 이루어지고 깨달음을 얻는다."

이 때 문수사리동자가 부처님께 아뢰었다.

"부처님, 비록 제가 상법시대에 살지라도 갖가지 방편으로써 올바른 믿음을 가진 모든 중생들이 약사유리광여래의 이름을 들을 수 있도록 하고, 자나 깨나 그 이름을 마음에 새겨 깨달음을 이루도록 하겠습니다.

또 이 경을 받아들고 지녀서 항상 외울 뿐만 아니라 남을 위해 가르치거나 스스로 쓰도록 다른 이에게도 귀하게 받들도록 하고, 아름다운 온갖 꽃과 향, 보배구슬과 당[50]이

---

50) 당(幢) / 의식에 쓰이는 깃대.

나 번[51], 일산[52]과 음악 소리로 공양드리도
록 오색의 비단으로 주머니를 만들어 덮고,
깨끗하고 높은 곳에 모시고 예배드리도록
하겠습니다.

　이 때에 이르러 사대천왕[53]과 그 권속들,
또 수많은 하늘의 대중들이 다 함께 그곳에
와서 이 경전을 공양하고 받들어 수호할 것
입니다.

　부처님, 또 이 귀한 경전이 널리 읽혀지는
곳에서 어떤 사람이 저 약사유리광여래의
본원과 공덕을 듣는다면 그리고 약사유리
광여래의 이름을 듣고 항상 잊지 않는다면

---

51) 번(幡) / 깃발.

52) 일산(日傘) / 해 가리개.

53) 사대천왕(四大天王) / 사천왕, 욕계 6천의 사나인 사왕
　　천의 주인. ①지국천왕(持國天王) ②증장천왕(增長天
　　王) ③광목천왕(廣目天王) ④다문천왕(多聞天王)

그 사람은 느닷없이 억울한 죽음을 당하는 일이 없을 것입니다.

또 나쁜 귀신들이 그 사람의 정기를 빼앗을 수 없고, 이미 빼앗긴 사람이라 하더라도 도로 그 이전과 같이 몸과 마음이 모두 편안해질 것입니다."

부처님께서 문수사리동자에게 말씀하셨다.

"그대의 말이 옳도다. 문수사리여! 믿음이 깊고 깨끗한 선남자, 선여인 가운데 약사유리광여래의 모습을 뵙고, 공양을 드리고자 하는 사람은 먼저 그 부처님의 상을 만들어 세워야 할 것이다.

깨끗한 땅에 자리를 정해 모시고 온갖 꽃, 갖가지 향, 화려하고 찬란한 당과 번으로 그곳을 꾸미고 단장하여 하루 밤낮에 걸쳐 팔관재계를 지키라.

깨끗한 음식을 가려 먹고, 향기로운 물로 목욕하고 깨끗한 옷을 입으면 더럽고 흐린 마음의 때가 거두어지고 성내거나 남을 해치는 마음 또한 사라진다.

뿐만 아니라 모든 중생들이 이롭고 편안해지도록 자·비·희·사[54]의 평등한 마음과 아름다운 음악으로 부처님을 찬탄하며 불상의 오른쪽으로 돌아라. 그리고 약사유리광여래의 본원 공덕을 생각하며 이 경을 독송하고 뜻을 새기고 연설하며 펼쳐라. 그리하면 구하는 모든 것이 다 이루어지게 된다.

---

54) 자·비·희·사(慈悲喜捨) / 사무량심의 4덕. ①자; 즐거움을 주는 것. ②비; 괴로움을 없애 주는 것. ③희; 다른 사람이 즐거워하는 것을 보고 함께 즐거워하는 것. ④사; 남에 대해 좋아하고 싫어하는 마음, 친하고 미워하는 마음 없이 평등하게 대하는 것.

오래 살기를 바라는 이는 오래 살게 되고, 부자가 되고자 하는 이는 부자가 되고, 벼슬 자리를 구하는 이는 벼슬아치가 되고, 아들 딸 낳기를 원하는 이는 아들딸을 얻을 수 있을 것이다.

　또 어떤 사람이 나쁜 꿈속에서 여러 가지 흉악한 모습을 보았다 하자.

　괴상한 모습을 한 새들이 모여들고, 사람 사는 곳에 많은 괴물들이 나타나더라도 이 사람이 여러 가지 공양물로 저 약사유리광 여래를 공경, 공양하면 나쁜 꿈속에 나타난 온갖 상서롭지 못한 것들이 다 사라지며 근심 걱정이 없어진다.

　또 물·불·칼과 독·험한 낭떠러지·사 나운 코끼리·사자·호랑이·이리·곰· 독사·전갈·지네·그리마·모기, 이처럼 말할 수 없이 두려운 것들 앞에서도 지극한 마음으로 약사유리광여래를 생각하고 공경, 공양하면 그 모든 두려움에서 벗어날 수 있다.

또 다른 나라의 침략을 받거나 도적의 난으로 나라가 뒤숭숭할 때라도 약사유리광여래의 이름을 항상 부르고 공경하면 모두 모든 고통에서 벗어날 수 있다.

문수사리여! 믿음이 깊고 올바른 선남자, 선여인이 목숨이 다하도록 삿된 귀신과 외도를 섬기지 아니하고 오직 한 마음으로 삼보[55)]에 귀의한다면 오계[56)] · 십계 · 보살

---

55) 삼보(三寶)/ ①부처님(佛) ②부처님의 가르침(法) ③스님(僧)

56) 오계(五戒)/ 부처님께 귀의한 재가신도가 지켜야 하는 계. ①중생을 죽이지 말라. ②훔치지 말라. ③음행하지 말라. ④거짓말하지 말라. ⑤술 마시지 말라.

계 · 비구 2백 5십계[57] · 비구니 3백 48계를 받아 잘 지킨다면, 혹은 그런 계율을 범하고 악도에 떨어지려 할 때라도 부처님의 이름을 잊지 않고 공경, 공양하면 그 사람은 어떤 일이 있더라도 삼악도에 나는 고통을 겪지 않을 것이다.

또 어떤 여인이 해산할 때에 이르러 견딜 수 없는 고통을 받더라도 지극한 마음으로 약사유리광여래의 이름을 부르고 찬탄하며 공경, 공양하면 모진 고통에서 벗어날 수 있다.

뿐만 아니라 낳은 아이는 몸이 튼튼하고

---

57) 십계(十戒)/ 비구, 비구니가 되기 전의 사미, 사미니가 지켜야 하는 계. 오계 외에 다음과 같은 다섯 가지를 더 엄수해야 함. ⑥꽃다발을 쓰거나 향을 바르지 말라. 노래하고 춤추고 풍류를 즐기지 말라. ⑧높고 넓은 큰 평상에 앉지 말라. 때 아니면 먹지 말라. 금, 은 등 장신구를 갖지 말라.

아름다워 보는 이마다 기뻐하고, 총명하고 건강하기 그지없어 어떤 귀신도 그 아이의 정기를 빼앗을 수 없다."

그 때 부처님께서 제자 아난에게 말씀하셨다.

"내가 저 약사유리광여래의 모든 공덕을 찬양하는 것과 같은 일은 여러 부처님들의 행이 아주 깊은 경지라 알기 힘들 터인데 이런 일을 너는 믿을 수 있겠느냐?"

아난이 이 말씀을 듣고 아뢰었다.

"부처님이시여! 저는 부처님께서 말씀하신 경의 모든 내용을 조금도 의심하지 않습니다. 왜냐하면 부처님께서 몸과 마음과 뜻으로 몸소 행하시는 모든 일은 청정하기 때문입니다.

부처님! 저 하늘의 해와 달이 떨어지고

묘고산[58]이 무너진다 할지라도 부처님의 말씀은 변함이 없습니다.

부처님, 어떤 중생들은 믿음이 깊지 못해 이런 생각도 할 것입니다.

"약사유리광여래 한 분의 이름만을 듣고 부른다고 해서 어떻게 그 많은 공덕을 얻는다는 말인가?"

이렇게 의심할 뿐만 아니라 도리어 비방하여 그는 마침내 모든 이로움과 즐거움을 잃고서 온갖 악취에 떨어져 한없이 헤매며 고통받을 것입니다."

부처님은 아난에게 말씀하셨다.

"어떠한 중생이라도 약사유리광여래의 이름을 듣고, 한결같은 마음으로 믿고 받들 뿐만 아니라 그 믿음에 의심하는 바가 없다

58) 묘고산 / 수미산(須彌山)의 이름.

면, 그 사람은 어떤 경우에라도 악취에 떨어지는 일이 없게 된다.

아난이여! 이러한 부처님의 깊고 미묘한 행은 쉽게 알기 어려운데 너는 이를 능히 받아 지닐 수 있다 하니 알아 두어라. 이 모든 일은 다 부처님의 거룩한 위신력에서 이루어진다.

아난이여! 모든 성문이나 독각, 십지[59] 위에 오르지 못한 보살들은 실답게 알지 못하나 일생보처[60]는 상관없다.

아난이여! 사람으로 태어나기 어렵고, 삼보에 귀의하는 일 또한 어려우며, 약사유리광여래의 이름을 듣기는 더욱 어렵다.

---

59) 십지(十地) / 보살이 이르러야 할 10단계의 경지.

60) 일생보처(一生補處) / 이 생이 지난 다음 생에서 반드시 깨달음을 얻어 성불을 할 보살을 이름.

아난이여! 저 약사유리광여래의 한량없
는 보살행과 드넓은 서원은 내가 수많은 겁
동안에 걸쳐 말할지라도, 그 거룩한 행원과
중생들을 위한 방편은 다 말할 수 없다."

　이 때 대중 가운데 구탈이라는 한 보살마
하살이 있었다.

　그는 자리에서 일어나 예를 갖추어 합장
하고 부처님께 아뢰었다.

　"부처님이시여! 상법시대에 이르면 중생
들은 갖가지 병과 근심 걱정으로 몸이 마를
뿐만 아니라 음식조차 제대로 먹을 수가 없
습니다. 목구멍과 입술이 바싹 타 들어가고,
사방이 캄캄해져 눈앞엔 죽음의 조짐이 나
타나 그를 에워싸고 부모와 친척, 벗과 친지
들은 눈물을 흘리며 웁니다.

　그리고 그 자신은 병석에 누운 채 염마라대

왕의 사자를 보게 되고, 그에 이끌려 혼백이
염마라대왕 앞에 이르는 걸 깨닫게 됩니다.

모든 중생들에게는 구생신[61]이 있어, 그
사람이 살아서 지은 바에 따라 죄와 복을 적
어서 염마라대왕에게 바칩니다.

그러면 염마라대왕은 그 사람을 문초하
고 그가 지은 죄와 복에 따라 다스립니다.

이 때, 이 사람의 가족이나 친지와 벗들이
약사유리광여래에게 귀의하고, 여러 스님
들을 청해 이 경전을 읽는다면 또 칠층의 등
을 밝히고 오색으로 속명신번[62]을 달면, 바
로 그곳으로 죽은 이의 혼백이 돌아오게 되

---

61) 구생신(俱生神) / 사람이 출생할 때 함께 태어나 항상 그 사
    람의 양쪽 어깨에 있으면서 선, 악을 기록하여 염라대왕에게
    보고한다는 두신.
62) 속명신번(俗名神幡) / 약사여래에게 기도할 때 사용하
    는 5색 신번. 수명의 연장을 기원함

며 꿈을 꾼 것처럼 스스로 환히 보게 됩니다. 또 7일이나 21일, 35일, 49일을 지나 그 혼백이 다시 돌아오면 마치 꿈에서 깨어나듯이 자신이 지은 선업과 악업을 다 기억해 내며 이로 인한 과보를 알게 됩니다.

그래서 목숨이 다할 때까지 다시는 악업을 짓지 않습니다.

그러므로 믿음이 깊은 모든 선남자, 선여인은 저 약사유리광여래의 이름을 거룩하게 여겨 받들고 힘껏 공경하고 공양해야만 합니다."

이 때 아난이 구탈보살에게 물었다.

"저 높으신 약사유리광여래를 공경하고 공양하려면 어떻게 해야 합니까? 또 속명번등은 어떻게 만들어야 합니까?"

구탈보살은 이렇게 답하셨다.

"대덕이여! 어떤 병자가 병고에서 벗어나고자 한다면 그 사람을 위해 7주야에 걸쳐 팔관재계를 받아 지니고 또 마땅히 음식을 비롯한 갖가지 공양거리를 힘껏 마련하여 큰 스님에게 공양해야 합니다.

또 낮과 밤에 걸쳐 여섯 번씩 예배하고 이 경전을 마흔 아홉 번 독송하고 마흔 아홉 개의 등을 밝히십시오. 그리고 약사유리광여래의 상을 일곱 군데 만들어서 그 불상마다 각각 일곱 개의 등불을 밝히되 등불 하나하나의 크기를 큰 수레바퀴와 같게 하여 마흔 아홉 개의 그 모든 등불이 49일 동안 한 시라도 꺼지지 않도록 하십시오.

오색의 비단으로 번을 만들되 그 길이는 마흔아홉 뼘이 되게 하십시오. 그리고 온갖 목숨 있는 중생들을 풀어주고 놓아주어 그

횟수가 마흔아홉 번에 이르면 모든 재난을 무사히 넘기고 나쁜 귀신들에게 시달리거나 횡액을 당하는 일이 없을 것입니다."

구탈보살은 이어서 말했다.

"아난이여! 왕족이나 임금에게 재난이 일어날 때, 즉 백성들이 돌림병을 앓거나 다른 나라의 침입을 받거나 내란이 일어나고 천재지변이 온갖 재앙이 닥칠 때 왕족이나 임금은 모든 중생들에게 자비로운 마음을 일으켜 감옥에 갇힌 죄수를 풀어주고 앞서 말한 바 있는 공양법으로 거룩한 약사유리광여래에게 공양해야 합니다. 그리하면 이 선근으로 말미암아 또 약사유리광여래께서 본디 세우신 서원의 위력으로 온 나라가 다 평안해질 것입니다.

때 맞추어 비가 내리니 곡식의 알곡이 충

실하게 여물고, 모든 중생들은 앓는 일이 없이 즐거움으로 넘칩니다.

또한 그 나라에서는 포악한 야차 · 귀신이 중생들을 괴롭히지 못하고 왕족과 임금은 건강하게 오래 살아 모든 이들이 다 이롭게 될 것입니다.

아난이여! 만약 왕비 · 태자 · 대신 · 관리 · 궁녀 · 백관과 백성들이 병을 앓고, 여러 가지 재앙을 겪을지라도 오색의 신번을 만들고 속명 등을 밝혀 방생을 행한다면 또 아름다운 온갖 꽃을 뿌리고 향을 사루어 공양하면 병이 낫고 모든 재난에서 벗어날 수 있을 것입니다."

그 때 아난이 구탈보살에게 물었다.

"구탈보살이여! 어떤 까닭으로 이미 다한 목숨이 더 늘어날 수 있습니까?"

구탈보살은 대답했다.

"대덕이여! 그대는 이미 부처님께서 말씀
하신 아홉 가지의 횡사에 관해 듣지 않으셨
습니까? 이런 까닭으로 속명번등을 만들고
모든 복덕을 닦으라고 권하는 것입니다. 복
을 닦음으로써 목숨이 다하도록 괴로운 근
심 걱정은 겪지 않습니다."

아난이 물었다.

"아홉 가지의 횡사란 어떠한 것입니까?"

구탈보살은 다음과 같이 대답했다.

"만약 중생들이 병을 앓으면 비록 가벼울
지라도 의사와 약, 간호하는 사람이 없거나
있을지라도 올바른 약을 쓰지 않으면 죽지
않을 것도 횡사하게 됩니다.

또 삿된 외도와 요망한 무리들이 이러니
저러니 하는 말을 믿고 따라 두려워하며, 자

신의 마음을 다스리지 못하고 점을 치거나 재앙을 찾아 살아있는 목숨을 죽여 신명에게 아룁니다.

또 온갖 도깨비를 불러 복을 빌고 목숨을 늘이기를 바라지만 마침내 이루지 못하고 맙니다. 이렇듯 어리석고 우매하여 삿되고 바르지 못한 믿음으로 마침내 횡사하고 지옥에 떨어지면 헤어 나올 기약이 없으니 이것이 바로 첫째 횡사입니다.

둘째는 국법을 어겨 참혹한 죽음을 당하는 일입니다.

셋째는 사냥을 즐기고 주색잡기에 빠져 함부로 놀며 방탕한 생활을 하다가 온갖 귀신들에게 그 정기를 뺏기는 일입니다.

넷째, 불에 타 죽고, 다섯째 물에 빠져 죽고, 여섯째, 짐승들에게 잡아먹히고, 일곱째

벼랑에서 떨어져 죽고, 여덟째 뜻하지 아니하게 독약을 먹거나 저주를 당하고 귀신의 짓거리로 해를 당해 죽는 일입니다.

아홉째는 굶주리고 목이 말라도 음식을 먹지 못하고 죽는 일입니다.

이 아홉 가지가 부처님께서 말씀하신 횡사의 종류입니다. 이밖에도 수많은 횡사와 재앙이 있으나 이루 다 말할 수 없습니다.

아난이여! 저 염라대왕은 세상 모든 사람들의 명부를 적고 있습니다.

부모에게 불효하고, 삼보를 비웃고 해치는 사람, 나라에 해를 끼치고 계율을 깨뜨리는 사람, 이런 모든 중생들을 염라대왕은 그 죄의 가볍고 무거움을 따져 벌합니다. 그러므로 내가 중생들에게 다음과 같이 하라고 권하는 것입니다.

등불을 밝히고 번을 만들어 달며, 모든 목숨을 자유롭게 살려 방생하고 복을 닦으면, 고통과 재앙에서 벗어나고 갖가지의 재난을 만나지 않게 됩니다."

이 때 대중 가운데 열 두 야차대장이 한 자리에 있었다.

그들은 궁비라 · 벌절라 · 미기라 · 인지라 · 알이라 · 산지라 · 인달 · 파이라 · 마호라 · 진달라 · 초두라 · 비갈라대장 등이었다. 이 열두 야차대장은 각기 7천 야차를 권속으로 거느리고 있었는데 그들은 이구동성으로 부처님께 아뢰었다.

"부처님이시여! 저희 무리는 부처님의 거룩한 위신력으로 저 높으신 약사유리광여래의 이름을 듣자와 이제는 악도의 두려움에서 벗어났사옵니다. 저희들은 모두 한결

같은 마음으로 이 몸이 다하도록 불·법·승 삼보에 귀의하여 모든 중생들을 보살피고 그들을 의롭고 이롭게 하고 편안하게 하리이다. 그리고 방방곡곡, 시골이나 도시를 막론하고, 또 설령 사람이 살지 않는 숲 속이라도 이 경전을 널리 펼치겠나이다.

또 약사유리광여래의 이름을 받들고 공경하는 이가 있으면 저희들은 그 사람을 보호할 것이며, 모든 고통에서 벗어나게 하고 원하는 바를 다 이루게 하리이다.

또 병을 앓거나 재앙을 겪어 벗어나기를 바라는 사람이 역시 이 경전을 독송하고 오색실에 우리의 이름자를 매단다면 역시 그 소원이 이루어지리다. 그런 다음에는 풀어도 상관없습니다."

이 때 부처님께선 야차대장들을 칭찬해

말씀하셨다.

"참으로 착하도다. 야차대장들이여! 너희가 약사유리광여래의 은덕을 갚고자 한다면 항상 모든 중생들을 돌보고 편안하게 해야 한다."

이 때 아난이 부처님께 여쭈었다.

"부처님이시여! 이 법문은 무엇이라 이름하며, 어떻게 받들어야 합니까?"

아난의 물음에 부처님께서는 이렇게 대답하셨다.

"이 법문은《약사유리광여래본원공덕경》이라고 하고 또,《십이신장요익중생결원신주》라고도 하며《발제일체업장》이라고도 하니, 이와 같이 알고 받들지니라."

부처님께서 이렇게 말씀하시니 모든 보살마하살과 성문·국왕·대신·바라문·

거사 · 천 · 용 · 야차 · 건달바 · 아수라 ·
가루라 · 긴나라 · 마후라가 등 모든 사람과
다른 모든 대중들도 부처님의 말씀을 듣고
크게 기뻐하며 믿고 받아 행하였다.

장수멸죄경

이와 같이 나는 들었다. 부처님께서 왕사성 기사굴산에서 거룩한 비구 1천 2백 5십명과 함께 계실 때였다. 그 자리에는 1만 2천 명의 대보살과 모든 천인 · 용 · 팔부신중과 사람들, 그리고 사람 아닌 것들도 함께 모여 있었다. 그 때 부처님의 얼굴에선 신기한 광명이 오색찬란하게 비치니 그 빛은 푸르고, 노랗고, 붉고, 희고, 초록의 빛이었다. 한 가지 빛깔마다 한량없는 부처님의 화신이 머무시어 능히 불사를 일으키시는 것이 가히 짐작으로도 알 수 없는 경지였다. 하나하나 부처님의 화신마다 한량없는 화신보살이 계시어 부처님의 덕을 칭송하였는데 그 빛이 미묘하기가 가히 측량할 수 없었다.

위로는 비비상천[63]에 이르며 아래로는 아비지옥[64]에 이르러 사바세계 두루두루 아니 비추는 곳이 없었다. 그 가운데 중생이 부처님을 만나면 자연히 부처님을 간절히 부르니 모두 초지방편삼매를 얻게 되었다.

그 때 대중 가운데 새로 뜻을 발한 보살 49명이 있었다. 그들은 각각 부처님을 따라 오랜 수명을 구하고자 하였으나 능히 묻지 못하고 있었는데 문수보살이 그 뜻을 알고 자리에서 일어났다. 오른쪽 어깨에 옷소매를 벗어 메고, 부처님을 향해 합장하며 여쭈었다.

---

63) 비비상천(非非想天) / 무색계의 제4천. 유정천(有頂天)이라고도 함.

64) 아비지옥(阿鼻地獄) / 팔열지옥 가운데 하나. 지옥 가운데 가장 고통스럽다는 제일 아래쪽의 지옥.

"부처님이시여! 제가 살피건대, 대중 가운데 의심하고 있는 자가 있어 지금 여쭈옵니다. 부처님께서는 원하옵건대 제게 답하여 주십시오."

부처님께서 말씀하셨다.

"참으로 착하다. 문수사리여! 의심나는 일이 있으면 거리낌 없이 물어보라."

문수사리가 말씀드렸다.

"부처님이시여! 모든 중생은 생사의 바다에서 여러 가지 악한 업을 지어 겁에서 다른 겁에 이르기까지 육도를 윤회합니다. 비록 사람이 몸을 얻을지라도 수명이 짧을 때는 어떻게 해야 그 수명을 늘일 수 있으리까? 그리하도록 모든 악업을 멸하게 하려면 어찌해야 합니까? 오직 원하옵니다. 부처님께서는 여기에 대해 말씀해 주십시오."

부처님께서 이르셨다.

"문수여! 너의 자비는 한량없이 넓고 커서 죄와 고통으로 헤매는 가엾은 중생에 대해 묻는구나. 그러나 내가 만약 모든 중생들에게 그대로 말해주어도 능히 받아 믿지 않는다."

문수사리는 거듭 부처님께 말씀드렸다.

"부처님께서는 천상과 인간의 모든 지혜를 심으시는 스승이십니다. 또 널리 중생을 덮어 주시는 큰 자비의 아버지십니다. 한 소리로 연설하시는 대법왕이시니 오직 원하옵건대, 부처님께서는 중생들을 불쌍하고 가련하게 여기사 널리 설하여 주십시오."

부처님께서는 편안하게 웃음을 지으시고 대중에게 널리 이르셨다.

"너희들은 자세히 들으라. 내 이제 마땅

히 너희들을 위해 설하리라. 과거 세상에 한 세상이 있었으니, 그 이름을 무구청정이라 하였다. 그 국토에 부처님이 계셨는데, 호는 보광정견여래 · 응공 · 정변지 · 명행족 · 선서 · 세간해 · 무상사 · 조어장부 · 천인 사 · 불 · 세존이었다. 한량없고 가없는 대중이 둘러싸고 있었는데, 그 부처님의 법 가운데 한 우바이[65]가 있었다. 그의 이름은 전도였다. 그녀는 부처님께서 세상에 출현하셨다는 소식을 듣고, 출가하고자 목 놓아 통곡하고 여쭈었다.

"부처님이시여! 저는 악업을 지어 참회하고자 하옵니다. 오직 원하옵건대, 부처님께서는 제 말을 살펴 들어 주시옵소서. 제가 옛적 언젠가 몸에 아기를 배어 품게 된 지

65) 우바이(優婆夷) / 출가하지 않은 재가의 여자 신도.

여덟 달만에 가정의 법도를 위한다는 이유로 자식을 바라지 않았습니다. 그래서 독약을 먹어 태를 상하게 하여 자식을 죽였습니다. 그리고는 죽은 아이를 낳고 보니, 사람의 형상이 빠짐없이 갖추어져 있었습니다. 일찍이 지혜있는 사람이 제게 와서 말한 바로는 억지로 태를 상하게 하는 사람들은 현세에서 중한 병의 과보를 받고 수명이 짧을 뿐만 아니라 아비지옥에 떨어져 큰 괴로움을 받는다고 하였습니다. 제가 이제 생각해 보건대, 오직 두렵고 슬플 뿐입니다. 원하옵건대, 부처님께서는 저를 위하여 법을 설하여 주십시오. 저의 출가를 허락하시어 이런 고통을 면하게 해 주십시오."

그 때에 보광정견여래께서 전도에게 일러 말씀하시었다.

"이 세상에는 다섯 종류의 참회해도 면하기 어려운 것이 있으니 어떠한 것들인가? 첫째는 아버지를 죽이는 것이고, 둘째는 어머니를 죽이는 것이다. 셋째는 잉태한 것을 죽이는 것이고, 넷째는 부처님 몸에 피가 나게 하는 것이다. 다섯째는 화합승(和合僧)을 파하는 것이다. 이와 같은 악업의 죄는 소멸하기 어려운 것이다."

그 때에 전도여인은 눈물을 비 오듯이 흘리며 소리내어 목메어 슬피 울면서 온몸을 땅에 던져 부처님 앞에 엎드려 부처님께 아뢰어 말씀드렸다.

"부처님께서는 큰 사랑으로 일체를 구원하고 보호하고 계시니 오직 원하옵나이다. 부처님께서는 불쌍하고 가련하게 여기시어 법을 설하여 주시옵소서."

보광정견여래께서 거듭 일러 말씀하시었다.

"너는 이 악업으로 마땅히 아비지옥에 떨어져 쉴 틈이 있을 수 없으리라. 뜨거운 지옥 가운데서 잠깐 찬바람을 만나게 되면 죄인이 잠깐 시원해지기도 하며, 차가운 지옥 가운데서 잠깐 더운 바람을 만나게 되면 죄인이 잠깐 동안 따뜻해지기도 하겠지만 무간지옥[66]에는 이러한 곳이 있을 수 없다.

위의 불은 아래로 사무치고 아래 불은 위로 솟구치며 쇠로 된 사면의 벽 위에는 철망이 둘러쳐져 있어 동서사방 문에 맹렬한 업의 불길이 일어난다. 만약 한 사람이 있어도 몸이 또한 옥에 가득차니 몸길이는 8만 유

---

66) 무간지옥(無間地獄) / 팔열지옥의 하나. 괴로움을 받는 것이 끊임없다는 지옥.

순이나 된다. 만약 여러 많은 사람이 있어도 또한 다 두루 가득 차게 되는 것이니 죄인의 몸에는 큰 무쇠 뱀이 두루 감고 있어 그 독한 고통은 맹렬한 불꽃보다 더 심한 것이다.

혹 입으로부터 들어가면 눈과 귀로부터 나와 두루 몸을 감아 돌며 겁으로부터 겁에 이르도록 죄인의 마디마디에서 항상 모진 불이 나오게 되며 다시 무쇠까마귀가 그 살을 쪼아 먹고 있다.

혹 구리와 쇠로 된 개가 있어 그 몸을 물어뜯기도 하며 소의 머리를 한 지옥의 병졸이 손에는 무기를 갖추어 쥐고 크게 성낸 소리를 내어 뇌성벽력처럼 소리친다. "너는 기어이 태를 죽였으니 마땅히 이러한 고통을 받으라."하리라. 이런 나의 말이 거짓이라면 부처라고 이름하지 않는다."

그 때에 전도여인이 부처님의 말씀을 듣고 나서 슬픔에 목이 메어 땅에 털썩 주저앉으면서 잠깐 기절하였다가 다시 깨어나서는 거듭 부처님께 여쭈었다.

　"부처님이시여, 오직 저 한 사람만이 이러한 고통을 받는 것입니까? 또는 일체 중생이 모두 이러한 고통을 받게 되는 것입니까?"

　보광정견여래께서 전도에게 이르셨다.

　"너의 자식이 태에 있을 때 사람 모양이 빠짐없이 갖추어지면 생장(生藏)과 숙장(熟藏)의 이장(二藏)에 있게 되어 마치 지옥의 양쪽 돌이 몸을 누르고 있는 것과 같은 것이다. 어머니가 만약 뜨거운 음식을 먹으면 뜨거운 지옥과 같게 되며, 어머니가 차가운 음식을 먹으면 찬 지옥과 같게 되는 것이다.

종일 무명 가운데서 고통을 받고 있는데 네가 다시 악한 마음으로 억지로 독약을 먹었으니 너는 이 악업으로 스스로 아비지옥에 떨어져 죄인이 바로 너의 벗이 될 것이다."

전도여인이 슬피 부르짖으며 거듭 여쭈었다.

"제가 들은 바로는 지혜있는 자가 이와 같이 설하여 말씀하셨습니다. 만약 여러 가지 악을 짓게 되더라도 부처님이나 또한 스님을 만나 참회하면 곧 죄를 멸할 수 있다고 하였습니다. 또 설사 명을 마쳐 여러 지옥에 들어가게 되더라도 적은 복이나마 지은 자는 천상에 돌아와 태어남을 얻을 것이라고 하셨는데 어떠한 뜻에서 말씀하신 것입니까? 원하옵나니 저를 위하여 설하여 주시옵소서."

보광정견여래께서 전도에게 일러 말씀하
셨다.

"만약 어떤 중생이 여러 가지 무거운 죄
를 지어 부처님과 스님을 만나 지성으로 참
회하고 또 다시 짓지 아니하면 죄가 소멸될
것이다. 설사 명을 마쳤을지라도 염마라법
왕(閻摩羅法王)이 죄를 상세히 조사하여 정하
기 전에 죽은 자의 살아있는 육친권속이 부
처님을 청하고 스님들을 영접하라. 7일 안
에 대승방등경전을 읽고 향을 사르고 꽃을
흩으면, 응당 명부사자가 나타나 선악을 여
러 번 상세하게 조사하여 오색으로 된 신의
표지가 있는 깃발을 가지고 와서 염마라법
왕 있는 곳에 이르게 되리라. 그 깃발 앞뒤
에서 노래가 읊어져 찬탄하되 미묘하고도

부드럽고 온화하고 선하며 순한 소리가 울린다. 그 소리는 "이 사람은 선을 쌓은 사람입니다."라고 염마라법왕에게 보고하여 말을 한다. 혹 어떤 망자가 있어 삿된 것을 믿어 소견이 전도되어 부처님 법의 대승경전을 믿지 아니하고 사랑과 효심도 없고 자비심이 없으면 7일 안에 마땅히 명부사자가 나타나 하나의 검은 표지가 있는 깃발을 지니게 된다. 그 깃발 앞뒤에는 한량없는 악귀가 있어 염마라법왕에게 보고하여 말을 하되 이 사람은 악을 쌓은 이라고 한다. 염마라법왕이 오색 깃발을 보게 될 그 때에는 지극한 마음으로 크게 환희하여 높은 소리로 노래 불러 말한다.

바라건대 죄업의 나의 이 몸도

역시 그대와 같이 착하게 되면
이 때를 맞이하여 모든 지옥 가운데도
청정한 샘으로 변하여지고
칼의 산과 칼의 숲에 연꽃이 피는 것처럼
일체죄인 빠짐없이 쾌락 받을지어다.

　만약 검은 깃발을 염마라대왕이 보게 된
다면 진노하여 악한 소리로 우레같이 고함
치면서 곧 죄인을 이끌고 십팔지옥에 넘겨
주어 혹 칼의 숲 위나 혹은 칼의 산 중에 있
도록 할 것이다. 혹은 철로 된 평상에 눕도
록 하고 혹 구리쇠 기둥을 안도록 한다. 혀
를 빼어 소가 밭을 갈게 하고, 방아를 찧고
맷돌로 갈아 하루 동안 만 번 죽고 만 번 살
기를 엎치락뒤치락 번갈아 하게하며, 아비
지옥에 떨어져 큰 고통을 받게 하는데 겁에

서부터 겁에 이르기까지 쉴 사이가 없어 말로써 형용할 수가 없다."

그 때 공중에서 악한 소리가 있어 큰소리로 불러 말하였다.

"전도여인아! 너는 굳이 태를 죽였으니 생명이 짧게 되는 과보를 받는다. 나는 바로 귀신의 사자이기 때문에 너를 잡으러 왔다."

전도여인이 깜짝 놀라 슬피 울면서 부처님의 발을 부여안고는 소리쳤다.

"오직 원하옵나이다. 부처님이시여, 저를 위하여 모든 부처님 법장에서 죄를 멸하는 인연을 널리 말씀하여 주시옵소서. 마땅히 죽음으로써 원을 마칠까 하나이다."

그 때 보광정견여래께서 부처님의 위신력으로 귀신의 사자에게 일러 말씀하셨다.

"무상살귀[67](無常殺鬼)야, 내가 지금 현재
전도여인을 위하여 수명이 길어지고 죄가
멸해지는 경을 설하고자 하니 우선 잠깐만
기다리라. 스스로 마땅히 깨달음을 얻을 수
있다. 전도여, 너는 자세히 들으라. 나는 너
를 위하여 과거 천불(千佛)에 의해 설하여진
모든 부처님의 비법(秘法)인 장수명경으로
곧 너희들로 하여금 악도에서 멀리 떠나보
내도록 하겠다.

전도야, 마땅히 알라. 이 무상살귀가 구하
고자 하는 뜻에서 벗어나기란 어려운 것이
다. 비록 한량없는 백 천의 금은 유리와 자
거와 붉은 구슬과 마노를 지녀 그것으로 목
숨과 바꾸려 해도 능히 면치 못할 것이다.

---

67) 무상살귀(無常殺鬼) / 무상은 덧없는 것. 살귀(殺鬼)는
   죽음을 맡은 신.

비록 국왕이나 왕자나 대신이나 장자가 그 세력을 가지고서도 무상살귀가 와서 그 보배스런 생명을 끊게 되는 경우에도 한 번도 능히 면할 수가 없다. 전도야, 마땅히 알라. 오직 부처님이란 말로만 이 고통을 면할 수 있다.

전도야, 세상에 두 사람이 있으니 심히 희유하여 우담화(優曇花) 같아 가히 만나기가 어렵다. 첫째는 악한 법을 행하지 않은 사람이요, 둘째는 죄를 곧 능히 참회하는 사람이다.

이와 같은 사람은 찾아보기 힘들다. 너는 능히 지극한 마음으로 나에게 참회하면 나는 마땅히 너를 위하여 《장수경》을 설하여 너로 하여금 무상살귀의 고통에서 벗어나게 하리라.

전도야, 마땅히 알라. 미래세중(未來世中)에 오탁악세의 혼란한 때에 만약 어떤 중생이 여러 가지 중죄를 짓는다고 하자.

아버지를 죽이거나, 어머니를 해치거나, 독약으로 태(胎)를 죽이거나, 탑을 부수고 절을 무너뜨리거나, 부처님 몸에 피를 내거나 화합승(和合僧)을 깨뜨리게 되는 이런 죄를 지은 오역중생이라도 만약 이 《장수경》을 받아 지녀 베껴 쓰고 독송하되 만약 몸소 쓰거나 만약 사람을 시켜 쓰게 하여도 오히려 죄를 멸하고 범천에 태어나는 것을 얻을 수 있으리라. 하물며 너는 지금 친히 나를 만났으니 어떠하겠는가.

착하도다 전도여, 너는 무량광겁(無量廣劫) 동안 여러 가지 선근을 심어 왔도다. 나는 이제 네가 착하게 물으면서 은근히 참회함으로 인하여 돌고 도는 무상법륜[68]을 즉시 얻게 할 것이다.

무변생사대해(無邊生死大海)를 건너게 할 것이며 파순(波旬)과 더불어 같이 싸워 파순이 세운 승당[69]을 꺾게 하겠다.

너는 마땅히 자세히 들어라. 나는 반드시 과거 모든 부처님에 의거하여 십이인연법을 설하리라.

무명(無明)의 연(緣)은 행(行)이요, 행의 연은 식(識)이요, 식의 연은 명색(名色)이요, 명색의 연은 육입(六入)이요, 육입의 연은 촉(觸)이요, 촉의 연은 수(受)요, 수의 연은 애(愛)요, 애의 연은 취(取)요, 취의 연은 유(有)요, 유의 연은 생(生)이요, 생의 연은 노사우

---

68) 무상법륜(無常法輪) / 여래의 설법.
69) 승당(勝幢) / 승전의 깃발.

비고뇌(老死憂悲苦惱)이다. 무명이 멸하면 행이 멸하고, 행이 멸하면 식이 멸한다. 식이 멸하면 명색이 멸하고, 명색이 멸하면 육입이 멸한다. 육입이 멸하면 촉이 멸하고, 촉이 멸하면 수가 멸한다. 수가 멸하면 애가 멸하고, 애가 멸하면 취가 멸한다. 취가 멸한 즉 유가 멸하고, 유가 멸하면 즉 생이 멸한다. 생이 멸하면 즉 늙음과 죽음, 근심과 슬픔과 괴로움과 번뇌가 멸하게 된다.

전도야, 마땅히 알라. 일체중생이 능히 십이인연을 보지 못하나니 이런 까닭으로 나고 죽는 고취(苦趣)에서 돌고 헤매게 된다.

만약 어떤 사람이 십이인연을 보는 것은 곧 이 법을 보는 것이며 법을 보는 것은 곧 이 부처님을 보는 것이다. 부처님을 보는 자는 곧 이 부처님의 성품이니 어떠한 까닭이겠느냐?

일체 모든 부처님이 이로써 성품을 삼기 때문이다. 너는 이제 내가 설한 십이인연법을 들었으니 너는 지금 부처님의 성품을 얻어 청정하게 되어 법의 그릇이 될 만하다. 내가 마땅히 너를 위하여 한 가지 참된 도를 설하리니 너는 마땅히 생각하고 생각하여 일념으로 수호하라.

일념이란 것은 보리심[70]을 일컫는 것이며, 보리심이란 것이 이름하여 대승을 말하는 것이다.

모든 부처님과 보살이 중생을 위하기 때문에 삼승으로 분별하여 설하시나니, 너는 마땅히 생각 생각에 항상 부지런히 이 보리

_____

70) 보리심(菩提心) / 아뇩다라삼먁삼보리심. 불과(佛果)에 이르러 깨달음의 지혜를 얻고자 하는 마음.

심을 수호하여 잃어버리지 않도록 하라.

비록 오음[71]과 사사[72]와 삼독[73]과 육적[74]과 일체 모든 마(魔)가 침노해 와서 어지럽게 할지라도 마침내 변하게 하지 못한다. 이 보리심은 이와 같은 보리심 얻음으로 인한 까닭에 몸은 금강과 같고 마음은 허공과 같아 가히 꺾고 무너뜨리기 어려운 것이다. 무너지지 아니하는 까닭으로 말미암아 곧 아뇩다라삼먁삼보리를 얻을 것이며, 아뇩다라삼먁삼보리를 얻음으로 내 자신이 청정해지고 항상 안락하게 지낼 수 있을 것이다. 그래서 이 무상살귀와 생노병사의 모든 지

---

71) 오음(五陰) / 오온(五蘊). 색·수·상·행·식

72) 사사(四蛇) / 지·수·화·풍(地水火風)의 사대를 말함.

73) 삼독(三毒) / 성내고, 화내고, 탐욕한 마음.

74) 육적(六賊) / 안·이·비·설·신·의(眼·耳·鼻·舌·身·意)의 육경을 말함.

옥고(地獄苦)를 멀리 여의게 된다."고 설하였다.

부처님께서 대중 가운데서 이 법을 설하실 때에 허공에서 귀신의 사자가 이와 같이 말을 하였다.

"제가 부처님의 이 요긴한 가르침을 듣고 나서 지옥이 청정해져 연꽃 못이 되었으며 제가 지금 뚜렷이 귀신의 경계를 버렸습니다."

귀신이 다시 전도에게 말하였다.

"원하옵건대, 그대가 도를 얻었을 때 제도하는 것을 보고 싶습니다."

그 때에 보광정견여래께서 다시 전도에게 이르셨다.

"나는 이미 너를 위하여 십이인연법을 설해 마치고 다시 너를 위하여 육바라밀을 설할 것이니 너는 마땅히 받아 지녀야 한다.

지혜바라밀, 선정바라밀, 정진바라밀, 인욕바라밀 지계바라밀, 보시바라밀 이 육바라밀을 너는 마땅히 받아 지닐지어다.”

또 이렇게 말씀하셨다.

“너를 위하여 과거 모든 부처님이 부처를 이룬 글귀를 설하리라.”

하시고는 이에 게송으로 설하여 말씀하셨다.

모든 것은 항상 그대로인 것이 없어
이렇게 나고 멸하는 법이니라.
나고 멸하는 것도 모두 멸하여져 다하게 되면
적멸이 낙이 되느니라.

이 때 전도여인은 부처님의 가르침을 듣

고 환희심에 가득 찼다. 마음이 환하게 열려 밝고도 깨끗해지면서 분명히 깨닫고 나서 부처님의 신력으로 허공의 칠다라나무 높이로 올라가 편안한 마음으로 고요히 앉아 있었다.

그 때에 집안 가운데 큰 부자로써 이 사람과 견줄 만한 사람이 없는 장자 바라문 한 사람이 있었는데 홀연히 중병을 앓게 되었다. 의인(醫人)에게 보였더니 반드시 사람의 눈동자를 약에 섞어 치료하여야만 낫게 된다는 것이었다. 이 장자는 곧 심부름꾼을 시켜 네거리를 다니며 외치게 했다. "누가 아픔을 참고 두 눈동자를 팔겠는가? 마땅히 천금과 더불어 창고에 저장해 둔 값진 보배를 그대들이 필요한 대로 아낌없이 주리라." 하고 높은 소리로 외치게 하였다.

전도여인이 이 말을 듣고는 마음이 크게 열려 스스로 생각하였다. "나는 이제 부처님으로부터 《장수경》을 듣고 마음의 악업이 소멸되어 모든 부처님의 성품을 명확하게 깨달았다. 또 무상살귀와 모든 지옥고를 멀리 여의게 되었으니 나는 마땅히 몸을 부수어 부처님이 사랑해 주신 은혜를 갚으리라." 이렇게 생각하고는 높은 소리로 크게 말하였다.

　　"내 나이 지금 49세가 되어 부처님으로부터 법을 들으니 이름이 《장수경》이다. 지금 몸과 목숨을 아끼지 아니하고 몸을 부수어 《장수경》49권을 써서 일체 중생으로 하여금 받아 지녀 외우게 하기 위해 모름지기 나의 눈을 팔아 장차 이 경을 베끼도록 하리라. 나의 눈은 값이 없으니 그대들이 주는 대로 맡기노라."

바로 그 때 하늘에서 제석천이 49명의 사람으로 변해 전도가 있는 곳으로 왔다.

"원컨대 우리는 그대를 위하여 이 경의 글을 베껴 쓰려고 하니 그대 스스로 다 보고 난 다음 눈을 팔도록 하라."

그 때 전도는 경사롭고 다행함이 한량이 없어 뼈를 깎아 붓을 삼고 몸과 살과 두 팔다리를 끊은 피로 먹을 삼아 글 쓰는 사람에게 공급하니 7일 안에 경을 베껴 써서 마치게 되었다. 모든 사람이 베끼고 나서 전도에게 말하였다.

"원컨대 우리들이 공덕을 마칠 수 있도록 이전부터 지금까지 마음먹은 대로 이 시기에 두 눈동자를 우리들에게 부탁하여 바라문에게 팔아 함께 지니도록 하여 주시오."

그 때에 전도가 전다라자에게 곧 명령하
였다.

"네가 나를 위하여 눈동자를 도려내어 마
땅히 49명으로 하여금 네가 한 조각 씩 나
누도록 하라."

그 때 전다라자가 법에 의지하여 도려내
려고 할 때 49명이 다 같이 노래 불러 말하
였다.

"희유(希有)하도다. 희유하도다. 가히 생
각할 수도 없는 일이로다. 이 전도여인이 뼈
를 깎고 피를 내며 상처 입어도 아픔을 참아
몸과 목숨 아끼지 않고 이 경의 글씨를 베껴
쓰니 우리들이 어찌 눈동자를 가질 수 있겠
는가."

라고 하고는 자비심으로써 전도여인에게
사뢰어 말씀하였다.

"우리들은 마침내 그대의 눈을 탐하여 바라문에게 팔지 않으리라. 원컨대 그대가 깨달음을 얻어 마땅히 우리들을 제도해 주기 바라오며, 오직 원하는 것은 응당 마땅히 오는 세상에 우리들 있는 곳마다 언제나 그대와 더불어 똑같이 한 곳에 함께 있도록 하십시오. 그리하여 선지식이 되어 이 경을 널리 설하십시오. 일체 죄지어 고통받는 중생을 구원하여 제도하게 해 주소서."

그 때에 란타용왕 등이 큰 위력으로 모든 환술을 부려 전도의 경을 훔쳐 용궁 가운데서 받아 지니고는 공양을 올리게 되었다. 그 때 전도 여인은 잠깐 사이에 불현듯 경이 보이지 않음으로 눈물을 흘리며 목이 메인 채 부처님께 아뢰어 말씀드렸다.

"부처님이시여, 제가 지금 홀연히 경이

있는 곳을 알지 못하게 되어 저의 마음이 민
망하고 흐려지며 고통스런 근심을 참기 어
렵나이다."

보광정견여래께서 전도에게 일러 말씀하
셨다.

"너의 경은 이 팔부용왕이 용궁에다 청하
여 받들어 모시고 공양하고 있으니 너는 마
땅히 환희하여 잠깐이라도 수심하고 번뇌
하지 말라. 착하도다. 전도여, 너는 마땅히
이 공덕의 힘 때문에 이 목숨이 다하여 마치
면 무색계의 하늘에 태어나서 모든 쾌락을
받고 다시는 영원토록 여인의 몸을 받지 아
니하리라."

그 때 전도여인이 부처님께 말씀드렸다.

"부처님이시여, 제가 바라는 것은 천상에
나는 것이 아니옵니다. 오직 세세생생에 항

상 부처님을 만나 뵈올 수 있고 불심이 물러
서지 아니하며 있는 곳마다 항상 일체 죄고
중생을 위하여 이 법을 베풀어 널리 펴는 것
입니다."

보광정견여래께서 일러 말씀하셨다.

"너의 말은 거짓이 아니다."

전도가 또 말씀드렸다.

"만약 저의 말이 거짓일 것 같으면 원컨
대 저를 쫓던 앞서의 무상살귀가 저를 핍박
하게 할 것이며, 만약 진실한 마음일 것 같
으면 저의 몸의 상처가 부처님을 대하여서
깨끗이 나아질 것입니다."

그 때에 전도는 맹세한 원력으로 상처가
흔적 없이 본래 살과 같이 되었다. 보광정견
여래께서 전도에게 일러 말씀하셨다.

"네가 일심으로 부처님을 염한다면 한 부

처님 나라로부터 한 부처님 나라에 이르도
록 너는 곧 헤아릴 수 없고 가없는 모든 부
처님 세계를 보게 된다. 문자와 말로써는 가
히 펴서 말할 수 없는 것이다."그러자 전도
는 잠깐 사이에 무생법인[75] 삼먁삼보리심
을 얻게 되었다.

　문수여, 마땅히 알라. 보광여래는 바로 내
몸이요, 전도여인은 바로 네 몸이며 49명은
새로 뜻을 발한 보살이다.

　나는 무량광겁 이래로 항상 이에 의하여
몸을 두호하였다. 언제나 너희들과 더불어
이 경을 잘 설하여 일체중생으로 하여금 악
업이 있는 것은 이《장수명경》의 게송을 절
반만 귀로 듣게 되더라도 다 소멸되게 한다.

---

75) 무생법인(無生法忍) / 불생불멸의 진여를 깨달아 거기
　　에서 머무르며 움직이지 않는 경지

이제 또다시 설하는 것이다."

그 때에 파사익왕이 왕궁 가운데 있을 때 그 밤중에 어떤 여인이 있어 높은 소리로 부르짖으며 울고 있었는데 몹시 슬픔에 겨워 서러움을 참기 어려워하며 비통함을 제 스스로 가누지 못하였다. 이에 왕이 스스로 생각하기를 "나의 궁궐 속에는 일찍이 이런 일이 없었는데 무슨 연고로 이 억누르는 듯한 슬픈 소리가 있는가."궁금하게 여겼다. 왕은 아침 일찍이 담당자에게 명령하여 성 안의 네거리 길을 다니면서 그 여인을 즉시 찾도록 하였다. 사자는 왕의 명령을 받고 여인을 찾아내어 함께 데리고 왔는데 그 여인은 왕 앞이라 지나치게 겁을 먹고는 놀래어 악! 하고 부르짖으면서 기절하고 말았다. 왕이 냉수를 그의 얼굴에 흠뻑 뿌리니 점점 깨어나게 되었는데 대왕이 물어 말하였다.

"어젯밤 소리내어 울고 있은 것이 바로 네가 아니었더냐?"

여인이 대답해 말하였다.

"예, 저는 모든 것이 슬픔뿐입니다."

왕이 말하였다.

"무슨 까닭으로 원망스럽게 울었는가? 누가 너를 억울하게 하던가?"

여인이 대답해 말하였다.

"저의 한스러움은 사람이 억울하게 한 것이 아니옵니다. 오직 원컨대 대왕께서는 저의 말을 들어 주옵소서. 제 나이 14세에 시집와서 30년을 지나는 동안 30명의 아들을 낳았습니다. 얼굴이 뛰어나게 묘한 것이 머리는 감청색이었으며 입술은 붉기가 주홍과 같고 이는 흰 것이 옥과 같았으며 몸 모습은 예쁘기가 봄철의 꽃과 같았습니다. 제가 생각해서 아끼기를 마치 저의 뇌와 골수와 같고 또한 간장과 같이 생각하여 제 목숨보다 더 아껴 왔습니다. 이 아들들이 자라는데 한 살도 못되어 봄 여름 때가 되면 문득 나를 버리고 죽었습니다. 그 중 가장 어린 막내아이는 바로 저의 목숨보다 더 귀하게 여겨 왔는데 지금 현재 아주 파리해지면서 곧 죽게 될 것 같습니다. 제가 어젯밤 부르짖은 울음소리는 이러한 슬픔 때문입니다."

그 때 파사익왕은 이 말을 모두 듣고 난 다음 큰 수심에 깊이 고뇌하였다. 백성이 자신을 의지하고 있는데 이들을 구원하고 보호하지 못한다면 국왕이라 이름 할 수 없을 것이라는 생각에서였다. 그는 여러 신하들을 모아 함께 서로 의논하였다. 왕에게는 여섯 신하가 있으니, 한 이름은 견색이요, 둘째 이름은 문성이요, 셋째 이름은 향족이요, 넷째 이름은 변재요, 다섯째 이름은 수연이요, 여섯째 이름은 이염 이었다. 그들은 왕께 여쭈어 말씀드렸다.

"어린 아이가 처음 날 때 마땅히 칠성과 스물여덟 곳 신단(神壇)을 지으면 명이 길어져서 이 고통을 면합니다. 오직 원컨대 대왕께서는 천하에 명령하여 알리소서."

그 때에 일찍이 헤아릴 수 없는 부처님 처소에서 여러 가지 선근을 심은 한 지혜있는 신하가 있었는데 이름은 정혜라 하였다. 대왕 앞에서 말하기를,

"대왕이시여, 마땅히 아시옵소서. 여섯 신하가 말한 바로서는 고통을 면하지 못할 것입니다. 지금 대사가 계시온데 자(字)는 구

담(瞿曇)이요, 호는 바로 실달다(悉達多)입니
다. 스승없이 스스로 깨달아서 이제 성불을
얻어 기사굴산에 계시면서 《장수멸죄경》을
설하고 계시오니 오직 원하옵건대, 대왕께
서는 그곳에 가셔서 가르침을 받도록 하옵
소서. 만약 이 경의 게송을 절반이라도 귀에
들으시면 백겁천생에 지은 중죄가 소멸하
지 않음이 없으며 일체 동자가 경을 귀에 들
으면 비록 깨달아 해석하지 못할지라도 이
경의 공덕으로 자연히 장수하게 됩니다."
　파사익왕이 말하였다.
　"내가 옛날 일찍이 육사(六師)가 말한 바
를 들어보니 구담사문(瞿曇沙門)은 공부한
시일이 얕고 엷어 풋내기 어린 아이 같았다
고 했다. 그 나이어려 육사경 가운데 요상스
런 상서(祥瑞)와 환술변화(幻術變化)를 한다

는 이가 바로 구담사문이라고 하였다. 만약 따르는 이가 있으면 정도를 얻기 힘들다고 하였다."

그 때 정혜가 게송으로써 왕에게 사뢰었다.

석가모니 부처님은 천상과 인간의 스승이시라.
일찍부터 무량겁을 고행하셔서
이제 성불하여 법의 바퀴 굴리시니
과거 모든 부처님의 말씀 의지하여 따라 돌아
일체 모든 중생원(衆生願)을 어기지 않고
대자대비하옵신 큰 힘으로
헤매는 무리들을 구원하고 계시옵니다.
부처님 뵈옵기는 거북이가 망망한 바다에서
떠 있는 나무토막을 만남과 같고
또한 다시 가장 묘한 우담화(優曇花) 같아

오직 부디 원합니다. 대왕께서는
어서 가서 높은 법문 들으시옵고
육사외도 말한 것 믿지 마소서.

그 때에 정혜는 이 게송을 설함을 마치시
고 신통력으로 땅에서 허공으로 선뜻 일곱
다라수 높이로 솟아올라 즉시 왕 앞에서 여
러 가지 주술을 부리니 한 생각 사이에 수미
산과 큰 바닷물을 마음속으로 들어가게 하
여도 편안하고 자연스러워 걸림이 없었다.
　파사익왕이 이 일을 보고는 생각했다.
　"참으로 희유(希有)한 일이로다. 선지식이
여."
　이렇게 찬탄하여 말하면서 정혜 앞에 예
배하고 일러 말하였다.
　"그대의 스승은 어느 분이시오."

정혜가 대답하여 말하였다.

"저의 스승님은 바로 석가모니 부처님이
시며 지금 왕사성 기사굴산에서《장수멸죄
경》을 설하고 계시옵니다."

왕이 이 말을 듣고 마음이 크게 열렸다.
그는 나라 일을 잠시 정혜에게 맡기고 한량
없는 권속과 대신, 장자와 함께 네 마리의
말이 끄는 보물로 된 수레를 이끌고 부처님
을 향했다. 아울러 그 여인과 동자와 부처님
앞에 올릴 생화와 금은으로 만든 꽃다발 백
가지를 가지고 공양 올리려 왕사성 기사굴
산 중에 이르렀다. 왕은 부처님 앞에 이르자
일곱 번 돌고 나서 합장하고 정례하며 꽃을
흩어 공양하고 앞에 있었던 일을 다 여쭈었
다.

그 때 부처님께서 파사익왕에게 이르셨

다.

"이 여인이라는 사람은 저 과거세에서 마음에 질투가 나서 독약을 섞어 전처 아이 서른 아들을 죽였다. 이 아들들이 죽음을 당하여 각각 이렇게 맹세하였다. "원컨대 우리는 세세생생에 항상 그의 아들이 되어 문득 곧 갈라져 떠나도록 하겠다. 그녀로 하여금 고통이 간절하도록 하여 크게 비통하게 하리라."그 때의 이 여인이 지금 와서 내가 설한《장수명경》의 한 구절이라도 얻어 듣게 되었으니 원한 맺힌 집의 책주귀신들은 이로부터 영원히 끊어졌다."

그 때 부처님께옵서는 여러 대중에게 이르셨다.

"어린 아이를 잉태하였을 때 마왕 파순이 즉시 네 마리의 큰 독사와 육진악적(六塵惡

賊)을 놓아 그 몸에 머물러 있게 하는데 만약 한 가지라도 다스리지 못한다면 명근이 곧 끊어지는 것이다. 나에게는 다라니주가 있어 능히 모든 어린 아이의 수명을 더욱 이익되고 좋게 하는데 만약 아픈 고통이 있으면 나의 이 주문을 듣되 한번 귀에 지나게 되면 병을 다스려 낫지 않은 것이 없으며 능히 악귀로 하여금 사방으로 흩어져 달아나게 한다."

곧 주를 설하여 말씀하셨다.

파두미파 두미제비 헤나헤니 헤리후리 제라 제려 후라후려 유려유라 유려빠라 빠려문제진 질 반진반서 멀질찌 나가리 스바하.

부처님께서 말씀하셨다.

"이 다라니 주문의 글귀를 만약 선남자, 선여인이 받아 지녀 독송하되 일체 태를 가질 때나 태를 낳을 때 또는 어린 자식이 병을 앓는 곳에서 이를 위하여 7주야로 연설하여 향을 사르고 꽃을 흩고 베껴 쓰라. 공양하고 지극한 마음으로 받아들는다면 있는 바의 중한 병과 전생 업장이 다 소멸되리라."

그 때에 의왕(醫王)보살의 이름은 기바(耆婆)라 하였는데 부처님 앞에서 여쭈었다.

"부처님이시여, 제가 큰 의사가 되어 온갖 병을 치료하고 있습니다만, 모든 작은 어린 아이에게는 아홉 가지 병이 있어 능히 그 명을 끊게 됩니다. 그 아홉 가지는 이렇습니다. 첫째 부모가 때가 아닐 때 방안과 실내에서 행하기 때문이요, 둘째 처음 아기를 낳아 더러운 피를 땅에 버려 지신(地神)으로 하여금 살지 못하게 하고 악귀가 편리를 얻도록 하기 때문이요, 셋째는 처음 아기를 낳았을 때 배꼽 사이에 여러 가지 작은 독한 벌레를 씻어내지 않았기 때문이요, 넷째는 깨끗하고 연한 솜으로 그 태 가운데 더러운 피를 닦아내지 않았기 때문이요, 다섯째 살생하여 목숨을 해쳐 잔치하며 기뻐했기 때문이요, 여섯째 그 어머니가 일체 여러 가지 잡되고 냉한 과실을 먹었기 때문이요, 일곱째는 어린 아이가 병이 있을 때 잡고기를 먹었기 때문이요, 여덟째는 처음 아기를 낳을 때 어머니가 아기를 분만하기 전에 여러 가지 상서롭지 못한 것으로 하여금 아기가 태어날 곳을 보게 하는 것입니다. 분만하지 아니하였을 때 보게 할 때는 어머니로 하여금 죽게 하는 것이고 분만하였을 때 보게 할 때는 동자로 하여금 죽게 하는 것입니다.

어떤 것을 상서롭지 못한 것이라고 말하는 것입니까? 만약 어떤 사람이 있어 일체 죽은 시체나 변화해서 괴상한 것들을 보게 되면 눈이 부정해지기 때문에 상서롭지 못한 것이라 이릅니다. 만약 우황(牛黃)이나 진주 및 광명주와 생청가루를 가는 티끌만큼 먹이면 어린 아이의 마음이 안정되고 이 상서롭지 못함을 면하게 됩니다.

아홉째는 밤에 다닐 때 악한 귀신에게 구타를 당하는 것이니 일체동자가 만약 능히 이 아홉 가지 일을 삼갈 수 있으면 마침내 죽음에 이르지 않습니다."

그 때 남의 마음을 알 수 있는 마왕 파순이 마의 궁궐 가운데 있었다. 부처님께서 이

장수멸죄호제동자다라니주를 설하심을 알고 마음이 크게 분노하여 악한 소리로 크게 소리쳤다. 그는 수심과 걱정으로 즐거워하지 않았다. 악마에게는 세 딸이 있었는데 부왕 앞에 사뢰며 말하였다.

"알지 못하겠나이다. 대왕이시여, 무슨 까닭으로 수심에 가득 차 고뇌하고 계시옵니까?"

부왕이 답하여 말하였다.

"구담사문이 지금 왕사성의 기사굴산 중에 있으면서 무량무변한 중생을 위해 일체 중생에게 《장수경》을 설하여 유포시켜 이제 오래 사는 낙을 얻도록 하여 나의 경계를 침범하고 있다. 그런 까닭에 내가 악한 마음이 일어나는 것이다. 내 이제 모든 권속들과 일체 악마의 병사를 거느리고 가서 토벌하리라. 비록 능히 구담의 말을 그치게 할 수 없을지라도 내가 지금의 위력으로 모든 하늘과 대중의 귀를 막아 저들로 하여금《불설장수경》을 듣지 못하게 하겠다."

그 때 마왕의 세 딸이 게송으로 부왕에게 간하였다.

마왕 파순 세 딸 이곳에 있어
부왕 앞에 머리 숙여 사뢰옵니다.
천상 인간 스승이신 구담사문은
마왕의 힘으로는 무찌를 수 없습니다.
그 옛날 보리수 나무 아래서
처음으로 길상법좌 앉았을 때에
우리 세 딸 교묘하게 어여삐 꾸며
모든 하늘여자 중에 제일이 되어
온갖 자태 다 부려서 유혹하여도

보살께선 염착심(染着心)이
도무지 없었습니다.
우리를 보시기를 노파와 같이 하여
이제 더없는 깨달음 이루신 스승입니다.
부왕께선 활을 당겨 두렵게하며
모든 병기 허공 속을 두루 날려도
보살께서 보시기는 아이들 장난
두려움과 퇴패심이 하나도 없는
오늘날에 도를 이룬 법왕이시라
오직 부디 원합니다 대왕께서는
악한 뜻을 쉬도록 하시옵소서.

그 때에 마왕 파순은 딸들이 설하는 게송
을 듣고 모든 권속을 거느리고 제 스스로 평
범한 복장을 하고 나섰다. 그리고는 마음 속
으로 이렇게 생각했다. "나는 응당 너희들

과 함께 똑같이 부처의 처소에 가서 썩 교묘한 방편으로 슬금슬금 둘러보겠다. 거짓으로 부처님께 신용을 얻도록 하겠노라. 만약 신용을 얻게 되면 마땅히 여러 가지로 일체 삿된 계교로 이 경을 막으리라."

곧 권속과 함께 똑같이 부처님 처소에 이르러 부처님을 일곱 번 돌고 나서 부처님께 여쭈었다.

"부처님이시여, 설법하시는데 피로하진 않으십니까? 제가 지금 모든 마의 권속을 거느리고 와서 《장수멸경》을 듣고 부처님의 제자가 되고자 합니다. 오직 원컨대 부처님께옵서는 저의 원을 물리치지 마시옵소서."

그 때 부처님께서는 마왕을 큰 소리로 꾸짖으셨다.

"네가 본래 궁에 있을 때 분하고 성낸 마음을 일으켰다가 여기에 와서 머뭇거리며 둘러본 다음 설득하려고 속이고 있다. 하지만 나의 법 가운데에서는 너의 간사함을 용서치 않는다."

그러자 마왕 파순이 무색해져 부끄러워하며 나아가 구걸하는 얼굴로 바뀌어 부처님께 여쭈었다.

"부처님이시여, 바로 저의 어리석은 꾀로 거짓법을 실행하려 하였사오나 오직 원컨대 부처님께서는 대자비로써 제가 저지른 허물을 용서하여 주시옵소서. 제가 이제 장수경호제동자다라니주를 얻어 들었사오니 제가 서원을 발하겠나이다. 만약 이후 말세에 몸소 이 경을 받아가져 옮겨 쓰며 독송하고 있는 곳에는 제가 마땅히 옹호하여 악한 귀신들이 침범하지 못하도록 하겠습니다.

설사 지옥에서라도 만약 어떤 죄인이 잠
깐 사이에 이 경을 기억하여 생각하게 되면
저는 마땅히 큰 신통력으로 큰 바닷물을 길
어다가 죄인에게 물을 따라 주어 큰 지옥이
연꽃 못과 같게 하오리다."

그 때에 또한 높이 날아다니는 나찰과 아
이 잡아먹는 나찰들이 있었다. 그 우두머리
가 여러 권속 무리들과 함께 공중으로부터
내려와 부처님의 둘레를 천 번이나 돌고 부
처님께 여쭈었다.

"부처님이시여, 저희는 무량겁으로부터
나찰의 몸을 받아오면서 저의 권속의 수가
항하의 모래와 같습니다. 각각 굶주림을 절
실하게 겪어 사천하에서 오직 갓난아이의
피와 살을 끊어 씹어 먹고 있습니다. 또한

우리들 권속은 일체중생의 부부들이 서로
교섭하는 것을 엿보고 있다가 그 정충을 빨
아먹어 태를 없도록 합니다. 혹 태가 가운데
있게 되면 저도 또한 따라 들어가 태를 상하
게 해서 피를 먹었습니다. 태어난 지 첫 7일
에는 우리들이 오로지 그 편리를 엿보아 그
명의 뿌리를 끊기도 하며 또한 열 살이 되기
까지 우리들 권속이 가지가지 모든 악독한
벌레로 변화를 일으켜 어린 아이의 태에 들
어가서 그 오장에 있는 정기와 피를 빨아 먹
었습니다. 능히 작은 아이로 하여금 젖을 토
하게 하고 설사를 하도록 하고는 혹 간질병
이나 혹은 학질병과 눈의 종기, 배에 물이
차는 병을 나게 해서 점점 그 명의 뿌리를
끊도록 하였습니다. 우리들이 이제 부처님
께서 설하시는 《장수멸죄호제동자경》을 듣

고 그 가르침을 받들어 우리 권속이 굶주림에 핍박할지라도 굳이 잡아먹지 않도록 하겠습니다."

부처님께서 나찰에게 이르셨다.

"너희들은 마땅히 내가 금지하고 경계하고 있는 것을 지니도록 하라. 너희들로 하여금 이 나찰의 몸을 버리고 천상에 나게 해서 즐거움을 받도록 하리라."

부처님께서 대중에게 이르셨다.

"만약 어떤 동자가 아픈 고통을 받게 될 경우 자비스런 어머니로 하여금 젖을 허공중에 뿌리게 해서 모든 나찰에게 조금이라도 나누어 베풀어 주고 아울러《장수멸죄다라니경》을 청정하게 받아가져 베껴 쓰고 독송하게 되면 병이 곧 낫게 된다."

이 때 나찰의 큰 무리가 크게 기뻐하고 부

처님께 여쭈었다.

"마땅히 우리들 권속이 천상에 나는 것을 얻어서 마침내 능히 모든 동자의 젖을 침범하지 않겠습니다. 차라리 무쇠덩어리를 먹을지언정 끝내 모든 동자의 피는 결코 먹지 않겠습니다. 부처님께서 멸도하신 후에 능히 이 경을 독송하고 받아가지는 자가 있는 곳에 설사 어떤 악인이 이 법사를 괴롭히거나 혹 악한 귀신이 모든 동자를 괴롭게 되면 우리들이 마땅히 부처님의 금강으로 된 방패를 쥐고 호위해서 악한 귀신으로 하여금 그 편리를 얻지 못하게 하오리다."

그 때 일체 모든 하늘대왕과 아울러 그 권속과 일체의 야차왕과 아수라왕 · 가루라왕 · 긴나라왕 · 마후가라왕 · 설여다왕 · 비사차왕 · 부단나왕과 가탁부단나 등의 모든 왕이 각각 권속과 함께 부처님께 예배하고 모두 한 마음으로 합장하며 이와 같이 말씀드렸다.

"부처님이시여, 우리들이 지금부터 있을 곳곳마다 만약 어떤 비구·비구니와 모든 우바새·우바이가 오직 이 《장수경》을 받아 가지고 베껴 쓰는 곳이 있으면 우리들 권속이 항상 마땅히 호위하여 우리들 모든 마왕이 악한 귀신을 채찍질해 쫓겠나이다. 만약 어떤 악한 귀신이 모든 중생들을 괴롭히고 앓도록 해서 고통스럽게 할지라도 청정히 이 경을 써서 가지면 우리들 모든 왕이 모든 귀신을 금지시키고 잡아두어 해를 더하거나 비명으로 죽는 고통을 입지 않도록 하겠습니다."

그 때 뇌고지천이 자리에서 일어나 이와

같이 말씀드렸다.

"부처님이시여, 만약 부처님 제자가 이 《장수멸죄호제동자경(長壽滅罪護諸童子經)》을 받아 가지는 자가 있으면 우리들 지천(地天)이 항상 땅에 맛있는 곡식을 나게 하여 그 사람들을 이롭게 하겠습니다. 그 몸 가운데서 수명이 더하게 되는 이익이 있게 하며 우리들이 항상 가지가지 금은과 생활하는 데 쓰이는 여러 가지 사물과 가지가지 곡식과 쌀을 풍족하게 갖추어 공급해서 이 신심있는 사람으로 하여금 조금도 옹색함이 없도록 하겠습니다. 몸은 은밀히 편안함을 얻어 수심과 괴로움이 있지 않도록 하겠습니다. 항상 환희하는 마음으로 좋은 복전(福田)을 얻어 악한 귀신으로 하여금 그 명의 뿌리를 끊을 수 없게 하며, 만약 모든 어린 아이들이 출생한 첫날과 7일 사이에 우리들 땅의 신이 마땅히 옹호하여 명이 끊어지지 않도록 하겠습니다."

그 때 대중 가운데 금강역사가 다시 부처님께 사뢰어 말씀드렸다.

"부처님이시여, 부처님께서 이 수명이 길어지고 죄가 멸하여지며 모든 어린이가 보호를 받게 되는 다라니주경을 설하여 마치셨습니다. 모든 큰 시주하는 사람과 아울러 권속 무리들이 각각 발심하여 이 경을 보호해 읽고 외우며 베껴 써서 지니면 필요한 바를 공급해 주어 조금도 옹색함이 없도록 하겠습니다. 제가 들은 바로는 부처님께서 길하고 상서로운 글귀인 대력신조를 설하였습니다. 만약 어떤 중생이 귀에 한번 듣게 되면 백겁 천생에 마침내 생명이 끊어지지 아니하며, 한량없는 목숨을 얻어 병의 고통이 있을 수 없을 것입니다. 비록 네 개의 악마가 있더라도 능히 미워하고 어지럽히지 못하게 되며, 수명이 더욱 길어지게 되어 1백 2십 살에 이르도록 늙지 않고 죽지 않게 되며, 물러가지도 않고 빠지지도 않게 되어 일체 불자(佛子)에게 괴롭고 아픈 중병(重病)이 있더라도 이 주를 듣게 되는 자는 모든 귀신에게 명을 빼앗기게 되는 경우라도 즉시 면하게 되는 것입니다. 즉시 주문을 설하여 말해보면 이렇습니다.

타디야타 전달리 전달라비제 전달라마훔 전달나바테전달라 뿌리 전달라사이 전달라디리 전다빠 전뚜루 전달라바라자 전달라물달리 전달라아바디이 전달라바양 전달라카기 전달노기 스바하."

부처님께서 말씀하셨다.

"착하고 착하도다 금강역사여, 너는 이제 이 모든 동자들을 호위하는 길하고 상서로운 신주를 설하였으니 너는 마땅히 일체중생의 대도사가 되리라.

문수여, 마땅히 알라. 이와 같은 신주는 과거 모든 부처님이 베풀어 설하신 바이다. 건립해서 수호하면 쉽게 인간과 천상의 수명을 더욱 길어지게 하여 일체 죄의 허물과 나쁜 소견을 없애게 되고 능히 모든 경전을 지닌 사람을 보호하여 그 수명을 길게 한다."

그 때 부처님께서 문수사리법왕자에게 이르셨다.

"내가 멸도한 후 탁하고 악한 세상일 때 만약 어떤 비구가 내가 금지한 계율을 파괴하여 비구니 및 모든 처녀와 아울러 두 사미와 친하면서 술 마시고 고기 먹으며 간음을 불길같이 성하게 하였다. 그래서 모든 일반사람들에게 업신여김을 받고 천대받아 나의 법을 헐어 멸하게 하였다. 세속의 부정한일을 경영하되 부끄러운 마음이 없음이 마치 나무머리와 같으면 마땅히 알라. 이러한 무리는 바로 오역인(五逆人)이 된다. 나의 제자가 아니요 바로 마의 권속이며 이름을 말하면 육사이니 이 비구들은 현세 가운데서 짧은 명의 과보를 얻을 것이며 비구니들 역시 또한 이와 같다. 만약 능히 참회하고 또다시 짓지 아니하고 이 경을 받아 가지면 곧 수명이 길어진다.

263

문수여, 내가 멸도한 후 오탁악세에 이르렀을 때, 만약 보살이 있어 다른 사람을 비방하거나 자기의 착한 그것만 칭찬하며 대승경전을 사람들에게 부촉해 전하지 않는다면 이 사람은 바로 마의 반려(伴侶)요, 참다운 보살이 아니다.

만약 능히 지극한 마음으로 이 경을 받아가져 베껴 쓰고 독송하면 곧 모든 부처님의 항상 무너지지 않는 몸을 얻는다.

문수여, 내가 멸도한 후 오탁악세에서 만약 어떤 국왕이 아버지를 죽이거나 어머니를 해치거나 육친을 벌주어 목을 베어 죽이거나 왕의 법에 의지하지 아니하고 널리 무기와 갑옷을 지녀 타국을 침노하여 토벌하거나 충성으로 간하는 신하를 원통한 벌을 주어 죽임을 당하게 하거나 음욕이 맹렬하

게 불타 왕의 법을 어기거나 탑을 부수고 절
을 무너뜨리며 경전과 불상을 불사르거나
하면 홍수가 나거나 가물게 되어 시절이 고
르지 못한다. 국왕이 도가 없기 때문에 온
나라 사람들은 굶주리게 되고 유행병으로
사망하게 된다. 이와 같은 국왕은 현세에 단
명하고 죽으면 큰 아비지옥에 떨어지게 되
는데 만약 능히 이 경을 베껴 쓰고 세상에
널리 퍼지게 해서 공양하고 지성으로 참회
하면서 선왕의 법에 의해 따르면 곧 명이 길
어지게 된다.

　문수여, 내가 멸도한 후 오탁악세에서 만
약 어떤 대신이나 모든 낮은 관리들이 나라
에 녹을 청하는 몸으로써 부끄러운 마음도
없이 아첨하는 재주로 충성스럽지 못하게
오로지 교만하고 속이는 행동을 해서 역적

신하가 된다고 하자. 국토를 해치고 위태롭게 하고 불안하게 하거나 또한 높은 사람이 되어 낮은 사람을 대할 때 국법을 행하지 않고, 백성을 침노하고 해치며 마음껏 뜻대로 탐하면서 해치되 죄 없는 사람을 사납게 죽이고는 타인의 재물과 보물을 빼앗고, 경전을 가벼이 함부로 여기어 대승에 마의 장애를 일으키는 이런 사람들은 현세에 당면하며 아비지옥에 떨어져 나올 기약이 있을 수 없다.

그러나 만약 능히 참회하고 이 경을 받아 가져 베껴 써서 독송하며 곧 명이 길어짐을 얻어 길이 하늘의 녹을 지킬 수 있다.

문수여, 내가 멸도한 후 오탁악세에서 어떤 우바새와 우바이가 삿됨을 믿어 소견이 뒤집혀 정법과 대승경전을 믿지 아니하면 이와 같은 중생은 비록 무량한 백 천의 금은이 있을지라도 탐내고 인색한 마음만 품게 된다. 오직 재리만 구하게 되어 보시하지 아니하면서 가난하여 괴로워하는 자를 구원하지 않으며 또한 십이부경을 베껴 쓰거나 수지 독송하여 무상한 악도의 고통을 면하게 되는 것을 구하지 않는다. 이와 같은 사람은 집이 비어 엎어지고, 부뚜막 밑으로 새가 다니게 되며, 뱀이 집에 들어와 누워 있고, 개가 문득 집 위에 오르며 쥐가 백 가지 소리로 울며, 모든 들짐승들이 다투어 집에 들어오고, 백 가지 산도깨비들이 있어 이름은 요귀라 하는데 이 요귀가 보이는 연고로 마음에 번뇌를 얻으며 번뇌가 모이는 것이 원인이 되어 단명한다.

만약 능히 이 경을 수지하고 베껴 쓰며 세

상에 널리 퍼지게 해서 독송하면 곧 이와 같
은 것들의 요귀를 꺾어 부수어 명이 길어진
다.

문수여, 내가 멸도한 후 오탁악세에서 일
체중생이 아들과 딸을 이루어 가지면서 가
련하게 여기게 되기 때문에 마음의 병을 얻
게 되는 것이니 어떠한 까닭에서 그러한가?

혹 남자가 성장하면 병역을 치러야 하는
데 이와 같은 왕의 법은 부모가 생각하기에
는 몸에 감당할 수 없는 제도이기 때문에
이름하여 마음의 병이 되는 것이다. 혹 딸
을 낳아 길러 다른 가문에 시집가서는 업신
여김과 천대를 받고 부부의 도를 어기게 되
는 것이 부모가 생각할 때에는 마음의 병이
됨이라고 이름하는 것이다. 마음에 병이 되
는 까닭에 수심하고 근심하며 고뇌스러워

하게 되니 수심과 괴로움에서 병이 모여 현세에 명이 끊어지게 되는 것이다. 만약 능히 이 경을 받아 지녀 베껴 쓰면 수명이 길어짐을 얻게 되며, 경에 의한 힘 때문에 사돈끼리 화순하고 마음의 병이 소멸하여 없어지게 된다.

문수여, 내가 멸도한 후 오탁악세에서 일체중생이 자비심이 없어 생명을 살해하고 일체중생의 열 가지의 몸고기를 씹어 먹으면 마땅히 알라. 이것은 부모를 죽임과 같으며 육친을 먹는 것과 같은 것이다. 혹 목숨을 죽이는 원인으로 인하여 다시 태를 상하게 되며 이러한 일을 저지름으로 말미암아 현세에서 단명하게 된다.

설사 부부가 교섭할지라도 악한 나찰에게 당하게 되어 그 태를 씹어 먹히게 되기 때문에 자식이 없게 된다. 만약 능히 이 경을 받아 지녀 베껴 쓴다면 곧 이 고통을 면하게 된다.

문수여, 내가 멸도한 후 오탁악세에서 일체중생이 숙명을 알지 못하고 잠깐 사람의 몸을 얻었다고 해서 쾌락을 위해 힘쓴다고 하자. 서로 비방하며 혹 권력과 세력을 지녀 가지가지 악한 마음으로 타인의 성명(性命)을 엿보며, 경전을 믿지 아니하고 내가 대승이라 하며 거만하게 군다. 이와 같은 사람은 현세에 단명하게 될 것이다. 만약 능히 지심으로 참회하며 그 마음을 고르고 부드럽게 하여 이 경을 베껴 쓰고 수지독송하면 선한 근본의 힘으로 인해 수명이 길어지고, 설사 병으로 앓게 되더라도 마침내 비명으로 죽지 아니한다.

문수여, 내가 멸도한 후 오탁악세에서 일
체중생이 혹 왕명을 받들게 되거나 혹 부모
의 가르침으로 타국이나 험한 곳에 가서 모
든 진귀한 보물을 구하면서 상업에 종사해
도 재물과 이익만을 위하는 까닭 때문에 아
만이 두텁고 억세어져 바둑과 여섯 가지 도
박과 여러 가지 노름놀이나 음탕한 여자를
가까이 하리라. 악한 지식과 교섭해서 왕의
법과 부모의 계율을 쓰지 않고, 술을 좋아하
며, 음란한 것을 즐겨 몸을 상하고 목숨까지
잃게 되니 설사 재보를 얻게 되더라도 술에
헤매고 흐리게 되어 가는 길이 통했는지 막
힌 곳인지 알지 못한다. 후에 여러 악한 도
적에게 그 재물을 빼앗기니 이로 인하여 명
을 해치게 된다. 만약 능히 이 경을 베껴 쓰
고 널리 서원을 발하면 살아가고 있는 곳마

다 악한 도적이 물러가 흩어지며 환희심이
생겨 모든 악독한 짐승들이 몸과 마음을 어
지럽혀 해치지 못하게 되고 깊이 편안하게
된다. 재물과 보물을 얻게 되나니 경전의 힘
으로 인해 수명이 길어진다.

　문수여, 내가 멸도한 후 오탁악세에서 일
체중생이 악업으로 인해 죽으면 지옥에 들
어가고 지옥으로부터 나오게 되면 축생
의 몸을 얻게 된다. 설사 사람의 모습을 얻
게 되더라도 육근을 갖추지 못하여 귀머거
리·장님·벙어리·두드러기·마음의 병
으로 쇠약해져 모두 부스럼으로 나타난다.
여인의 몸을 받을지라도 경전의 글자를 알
지 못하며 설사 남자가 되더라도 악업을 행
했던 인연 때문에 어리석고 유치하며 어둡
고 둔해서 능히 이 장수경을 전독하지 못

하고 마음에 수심과 번뇌가 가득하게 된다. 수심과 번뇌로 인하여 마음의 병이 된다고 이름하니 마음의 병으로 인하여 현세에서 단명하게 된다. 만약 능히 선지식으로 하여금 이 경을 베껴 쓰도록 해서 스스로 지니고 전하되 처음부터 끝마칠 때까지 일심으로 이마에 이고한다면 이처럼 지극한 정성으로 쓰는 까닭 때문에 공덕이 무량해져 이와 같은 악업은 다시 거듭 받지 아니할 것이다. 이 사람은 현세에서 수명이 길어짐을 얻는다.

문수여, 내가 멸도한 후 오탁악세에서 만약 어떤 중생이 죽은 후에 7일부터 49일에 이르도록 여러 가지 복과 공덕을 지어 죽은 사람을 위해 주면 7분에서 죽은 이의 얻는 바는 오직 그 1분만 얻게 된다. 만약 살아있

을 때 49일 동안 집안일을 멈추고 이 경을
베껴 쓰고 향과 꽃의 공양으로 부처님을 청
하고 스님들을 맞이하여 생칠제(生七齊)를
베풀면 얻는바 공덕은 항하사와 같다. 이 사
람은 현세에 수명이 길어짐을 얻어 삼도와
모든 악도를 영원히 여의게 될 것이다. 만약
이미 죽은 자에게도 금전과 물품으로 복을
만들어 몸에 인연을 걸어주면 7분을 함께
얻게 된다.

　문수여, 내가 멸도한 후 오탁악세에서 일
체중생이 불효하고 오역(五逆)해서 자비심
이 없으므로 육친과 부모를 섬기는 애정이
없다. 그 때 행도사천왕이 모든 권속을 거느
리고 가지가지 음악으로 사천하에 두루 퍼
져 있으면서 삼재월(正月, 五月, 九月)이 되면
염부제에 이르게 된다. 만약 여러 가지 병이

돌아 일체중생이 시달리고 있으면 행도천왕이 악한 귀신을 제하기 위하여 병을 고쳐준다. 중생이 불효하며 질투하고 악을 짓게 되면 병을 앓게 하는 귀왕이 다니면서 즉시 악한 기운을 품어 병들게 하여 봄철에 유행하는 돌림병과 일체중병을 얻게 한다. 혹 열병이나 혹 냉병이나 허약하고 피로해져 학질에 걸리게 하고 마귀의 독과 악한 나병까지 걸리게 한다. 만약 능히 정월 초하룻날에 향을 사루어 꽃을 흩고 몸과 마음을 청정히 하여 이 경을 베껴 쓰면서 이에 7일까지 부처님을 청하고 스님들을 영접하여 청정한 재를 올리며 독송하면 이 선근으로 마침내 전염병이 없어지게 되고 이런 까닭으로 수명이 길어진다.

문수여, 내가 멸도한 후 오탁악세에서 중

생이 박복해서 그 겁이 죄다 없어져 버리려고 하며 국왕이 도가 없어 7일의 해가 한 몫에 비치거나 또한 7일의 해가 없어지게 되어 하늘이 가물면서 대지에 있는 약과나무와 총림(叢林)과 일체의 백곡과 감자와 꽃과 과실이 드디어 말라 죽게 된다. 만약 국왕과 일체중생이 능히 이 경전을 수지독송하는 자가 있으면 난타용왕 및 바란타용왕 등이 중생을 가엾게 여긴다. 그래서 큰 바닷물로부터 단비를 내려 쏟아 일체총림과 백곡과 초목을 번성시켜 윤택하게 하며 중생은 이 경의 힘으로써 수명이 길어진다.

문수여, 내가 멸도한 후 오탁악세에서 일체중생이 부피나 저울눈을 속여 옳지 못한 재물을 얻는다면 그 죄업으로 인해 죽어서 지옥에 들어가고 지옥으로부터 나오게 되면 축생의 몸을 받게 되나니, 소·나귀·코끼리·말·돼지·개·염소 등의 일체 짐승과 모기·쇠파리·이·개미들이다.

만약 어떤 보살마하살이 자비의 힘으로 축생들이나 모기 및 개미 앞에서 이 경을 읽어주어 한번 귀에 들게 하면 이 경의 힘인 연고로 종류에 따라 모두 얽힌 것이 풀어져 이 축생들이 이 몸을 버리고는 천상에 나는 즐거움을 얻는다. 만약 어떤 보살이 자비심이 없어 능히 이 경전을 널리 설하지 않는 자는 부처님의 제자가 아니요, 이는 마군(魔軍)의 벗이다.

문수여, 내가 멸도한 후 오탁악세에서 일체중생을 속이고 업신여기는 마음이 있어 경전을 불신하고 나의 바른 법을 헐어 욕한다. 만약 설법하는 곳에 있으면서도 듣고 깨달으려는 마음이 없다면 이 죄업으로 인해 현세에 단명하게 되고 모든 지옥에 떨어질 것이다. 만약 이 《장수경》을 외우고 설하는 곳에 일체중생이 가서 듣거나 혹 다른 이에게 권하여 자리를 나누어 앉도록 해서 같이 앉게 되면 이러한 사람은 부처님의 기둥이나 대들보이다.

장수의 낙을 얻어 악도를 경영하지 않을 것이며 이 경의 법을 전해도 집의 크고 작음에 따라 청정한 단을 세울 것이다.

문수여, 내가 멸도한 후에 모든 여인이 몸에 아기를 배었을 때 일체의 목숨을 죽이거나 모든 새 짐승의 알을 먹거나 사랑하고 불쌍히 여기는 마음이 없으면 현세에 단명보를 받고 아기를 낳을 무렵 난산하게 되고 난산하게 되기 때문에 능히 그 명을 끊게 된다.

　혹 이와 같은 원한의 집에서 선지식이 아
니더라도 만약 널리 서원을 발하여 이 경을
베껴 쓰면 곧 쉽게 순산하게 되어 모든 재난
과 장애가 없다. 자식과 어머니가 안락해서
필경 아들이나 딸을 그 원에 따라 낳게 됨을
얻는다.”

　그 때 부처님께서 문수사리보살에게 이
르셨다.

　“내가 이제 이《장수멸죄십이인연불성
경》을 설할 때에 과거 모든 부처님과 같이
설한 바이니 만약 어떤 중생이 받아 지녀 독
송하면 많은 복과 이익을 얻는다. 그 수명이
다하여 1백 2십 살을 채우고 죽을 때에 이
르러서는 백 천 개의 날카로운 칼로 몸을 오
려내는 것과 같은 여러 가지 모든 고통을 입

지 않을 것이다. 부처님의 성품에 의하기 때문에 금강같이 무너지지 않고 모든 부처님의 항상 한 몸을 얻는다. 깊고 고요하고 청정해져 생각 생각이 견고하여 항상 보살이 계실 것이니 한 이름은 관세음이요, 두 번째 이름은 대세지이다. 오색구름 위에 여섯 상아의 흰 코끼리를 타고 연화대를 지녀 염불하는 자를 영접하여 부동국(不動國)에 태어나게 해서 자연히 쾌락하게 하며 여덟 가지 난을 겪지 않게 한다.

문수여, 마땅히 알라. 둔하고 어리석은 중생은 깨닫지도 못하고 알지도 못하여 수명이 짧고 엷은 것이 돌이 부딪힐 때의 빛과 같고 물 위의 거품과 같으며 우레에서 빛이 나오는 것과 같다.

어떻게 해서 그 가운데서 놀라지 않고 두

려워하지 않을 것이며, 어떻게 해서 그 가운
데서 널리 재물과 이익을 탐할 것이며, 어떻
게 해서 그 가운데서 음욕을 탐하고 술을 즐
길 것이며, 어떻게 해서 그 가운데서 질투심
을 낼 수 있겠느냐. 이와 같이 나고 죽는 큰
바다에 떠돌아다니게 되는데 오직 모든 부
처님과 보살이라야 능히 저 언덕을 건널 수
있다.

덧없는 귀신이 시절도 없이 다가오게 되
면 범부인 중생은 응당 침몰하는 것으로 정
해져 있어 가령 무변무한한 금은 재보로 생
명을 살리려고 뜻을 내어 구해보아도 어디
에도 그러한 곳은 없는 것이다.

중생이여, 마땅히 알라. 모름지기 이 몸
을 관찰하여 생각을 내어 말해야 하는 것이
니, 이 몸은 네 마리의 독사와 같아 항상 무

량한 모든 벌레에게 쪼아 먹히는 몸이 되고, 이 몸은 냄새나고 더러워서 탐욕의 감옥에 얽혀져 있다. 이 몸은 가히 나쁜 것이 마치 죽은 개와 같으며, 이 몸이 깨끗하지 못하여 아홉 구멍에서 항상 흐르는 것이 있고, 이 몸은 성곽과 같아 나찰이 안에 살고 있으며, 이 몸은 오래지 않아 까마귀, 까치가 응당 주린 개에게 뜯어 먹히는 바와 같은 것이다. 모름지기 더러운 몸을 버리고 깨달음을 구하도록 하라. 이 몸에서 생명이 떠날 때를 살펴보면 응당 흰 땀이 흘러나오고 양손으로 허공을 내저으니 그 고초와 아픔은 참기 어려운 것이다. 생명의 근원이 죄다 없어질 때 하루나 이틀 또는 다섯째 날에 이르면 퉁퉁 부어 푸른 찌꺼기와 살 썩는 고름과 땀이 흘러나와 부모처자도 보기를 기뻐하지 않는다. 또한 몸과 뼈가 땅에 흩어져 다리뼈가 다른 곳에 있게 되고 허벅다리뼈·발뒤꿈치뼈·밥통뼈·허리뼈·갈비뼈·이마뼈·두골이 각각 다른 곳에 있게 되며 몸의 살과 창자·쓸개·콩팥·허파들은 모든 벌레의 덤불이 되고 있으니 어떻게 그 가운데서 방자하게 살아있는 내가 있으랴.

살아있을 때의 금은과 진귀한 보물과 돈과 재물을 모아 둔 창고는 나와 하등 관련 없는 것. 만약 어떤 중생이 모름지기 이 고통을 면하려고 한다면 오직 마땅히 국성과 처자와 머리와 눈과 골수와 뇌를 아끼지 아니하고 필경 이 경을 베껴 써서 모든 부처님 가르침의 정수인 십이인연을 받아 지녀 독송하고 널리 펴서 공양하라. 그리하면 생각 생각마다 성취하여 마땅히 삼먁삼보리심을 얻으리니 가히 부수어 무너뜨리기 어려운 것이 된다.

마침내 중도에서 일찍 죽든지 비명으로 죽게 되는 핍박을 입지 않게 된다.”

부처님께서 대중 가운데서 이 십이인연 불성법을 설하실 때 그 자리에 모인 비구·비구니·우바새·우바이와 천룡팔부와 사람과 사람 아닌 것들과 파사익왕과 아울러 항하의 모래수와 같은 그 권속이 모두 삼먁삼보리심인 무생법인을 얻고 일찍이 없었던 일이라 찬탄하고 일심으로 정례하면서 환희하여 받들어 지니었다.